Pédagogie pratique

Enseigner en toute petite section

Isabelle Bastide

RETZ
editions-retz.com

Mes remerciements à Madame Emmanuelle Jacquier (IEN de la circonscription de Valenciennes Escaudain) pour son soutien et sa confiance dans l'ensemble de mes projets.

Martine Nowacki (CPC de la circonscription de Valenciennes Escaudain) et Martine Savary (CPC de la circonscription de Valenciennes Denain) qui m'ont accompagnée dans la découverte de ce fabuleux métier.

Mes amies et collègues de l'école maternelle Roger Salengro : Christelle, Peggy, Gwenaëlle et Laurine qui assistent chaque jour à de nouvelles expériences.

Mes amies et collègues de l'école les Colibris qui m'ont ouvert pour la première fois les portes d'une école maternelle me permettant de faire mes premiers pas de future enseignante : Françoise, Myriam, Brigitte, Emmanuelle, Gyslaine, Bernadette, merci à vous !

L'ATSEM de ma classe, Sylvie, sans qui cela ne serait pas possible.

Un grand merci et une pensée particulière à Nathan, Zoé, Cassie, Owen, Loucas, Séréna, Tino etc. je vous ai vus grandir, apprendre, jouer, rire… dans ma classe. Ce livre vous doit beaucoup !

Enfin, je dédie cet ouvrage à Cédric ainsi qu'à ma fille, Zoé, qui un jour viendra faire ses premiers pas d'écolière dans cette classe.

Merci aux élèves, à leurs parents et à l'ATSEM de la classe pour leur participation à la réalisation des 15 films proposés dans les ressources numériques.

Cet ouvrage est conforme à la nouvelle orthographe
www.orthographe-recommandee.info

Cet ouvrage suit l'orthographe recommandée par les rectifications de 1990 et les programmes scolaires.

Voir le site http://www.orthographe-recommandee.info et son miniguide d'information.

MIXTE
Papier issu de sources responsables
FSC® C022030

Conçu & fabriqué en France

ISBN : 978-2-7256-3966-6

Direction éditoriale : Céline Lorcher
Mise en page : STDI
Couverture : Nicolas Piroux – Photo : © iStock
Réalisation des ressources numériques : Studit
Corrections : Florence Richard
N° de projet : 10261049 – Dépôt légal : octobre 2020
Achevé d'imprimer en France en octobre 2020
sur les presses de l'imprimerie Chirat

Sommaire

Préface

Sylvie Monin, IEN départementale, chargée de la mission maternelle, académie de Lille.

« *La scolarisation des enfants avant trois ans est une chance pour l'enfant et sa famille lorsqu'elle correspond à ses besoins et se déroule dans des situations adaptées. Il s'agit notamment d'un moyen efficace de favoriser la réussite scolaire, en particulier, lorsque pour des raisons sociales, culturelles et linguistiques, la famille est éloignée de la culture scolaire.*[1] »

La scolarisation des enfants de moins de trois ans est une première étape importante pour l'enfant et sa famille. Jalonnée de grands progrès, sur les plans langagiers, moteurs, sensoriels, cognitifs et sociaux, elle construit le premier rapport à l'autre pour un grand nombre d'enfants, à l'extérieur du premier cercle familial. Une réelle prise en compte du développement de l'enfant requiert de la part des enseignants des compétences et des gestes professionnels spécifiques, notamment des capacités d'observation et d'adaptation, pour que s'installent progressivement les apprentissages sur lesquels viendront s'articuler les continuités ultérieures.

Les parents et les partenaires de l'école, associés dès les premiers instants, contribuent à construire ce contact positif avec l'environnement scolaire. Rassurer, encourager les parents à venir à l'école, les aider à comprendre ce que vivent leurs enfants, les inviter à partager leurs réussites, leurs progrès, tels sont les incontournables d'une première scolarisation que l'on veut réussir ensemble. Cette relation de confiance construit les bases de la coéducation, nécessaire au développement harmonieux de l'enfant.

C'est sur ces fondements professionnels qu'Isabelle Bastide construit sa pratique quotidienne. À travers ce témoignage d'une pratique de classe qu'elle nous livre avec simplicité, elle nous montre que c'est grâce à une connaissance fine des enfants et de leur développement, à une réflexion permanente et une créativité certaine qu'elle réussit à maitriser un ensemble de gestes professionnels qu'elle se propose de partager.

1. Circulaire n° 2012-202 du 18-12-2012.

Cet ouvrage, par son organisation et son accessibilité, développe une pédagogie basée sur l'adaptation, afin de laisser aux enfants la possibilité d'explorer la richesse d'un milieu conçu pour eux et qui évolue avec eux, au fil de la journée et de l'année. Ses choix s'inscrivent dans la volonté de promouvoir une pratique qui encourage l'initiative des enfants, stimule leur curiosité, leur donne confiance pour apprendre.

L'attention portée à l'organisation de la classe, l'aménagement évolutif des espaces créatifs, de jeux et de découvertes, l'aménagement du temps, font l'objet d'une approche concrète, pensée et évolutive des conditions d'apprentissage. À partir de l'observation des enfants, Isabelle Bastide montre comment enrichir, proposer, relancer les activités au gré de leurs réactions ; comment, progressivement, les mots de l'adulte accompagnent l'activité.

L'apprentissage du langage est l'objet d'une approche structurée, d'une pédagogie respectueuse des différentes étapes d'acquisition du langage, illustrée de situations et de pratiques concrètes, prenant appui sur des repères théoriques, didactiques et pédagogiques qui la rendent particulièrement adaptée. À partir de situations de langage ancrées sur le vécu, Isabelle Bastide conduit progressivement les enfants à explorer d'autres facettes du langage en proposant des ressources innovantes.

Dans un secteur défavorisé où l'école maternelle contribue à installer une relation de confiance avec l'école, Isabelle Bastide propose quelques pistes afin d'associer les parents au parcours de leur enfant et de renforcer la lisibilité de l'école. La coéducation est ainsi engagée par l'association des parents à la réussite de leurs enfants et de leurs progrès, par un accueil régulier, par un dialogue permanent et bienveillant.

Cet ouvrage, complémentaire aux ressources nationales, constitue un réel point d'appui pour les équipes soucieuses d'enrichir et de diversifier leurs pratiques.

Introduction

Entrer à l'école maternelle représente une étape importante dans la vie d'un enfant : c'est bien souvent la première fois qu'il se trouve confronté à un adulte qui ne fait pas partie de sa famille, à autant d'enfants… Il va devoir construire de nouveaux repères et apprivoiser un monde nouveau, inconnu.

L'école maternelle a différentes missions dont celle d'accompagner l'enfant et sa famille dans la découverte du monde scolaire. Ils vont devoir s'approprier son espace, ses règles, ses possibilités. Elle doit de plus permettre à l'enfant de s'approprier le temps scolaire comme une de ses propres temporalités : il doit y construire des habitudes de vie en collectivité, des habitudes d'activités, etc. À partir de ses expériences antérieures et extrascolaires, l'enseignant aura donc un rôle essentiel à jouer dans cette construction.

L'école maternelle constitue aussi un lieu où l'enfant va apprendre et grandir selon des modalités particulières qui la différencie de l'école élémentaire : aménagement de l'espace, répartition des temps d'apprentissage, suivi des rythmes de l'enfant, en accordant au jeu et à la manipulation une place déterminante.

L'enfant entre généralement à l'école maternelle à l'âge de trois ans, mais qu'en est-il de l'accueil des plus petits ? Scolariser des enfants de moins de trois ans nécessite, et les textes le précisent (circulaire n° 2012-202 du 18-12-2012 MEN-DEGESCO A1-1), la mise en place d'un projet particulier s'inscrivant dans le projet d'école. L'espace de la classe et les activités qui seront proposées doivent faire l'objet d'une organisation qui se différencie de celle des autres classes de la maternelle. En effet, les enfants de moins de trois ans n'ont pas tout à fait les mêmes besoins que les enfants de trois ans révolus. Ils ne disposent pas de la même maturité. Afin de répondre au mieux à ces besoins, l'enseignant devra créer un climat propice à leur développement et aux apprentissages, mettre en œuvre des gestes professionnels spécifiques à cette section, adopter une posture différente de celle d'un enseignant de maternelle exerçant dans les autres sections. Enseigner en toute petite section, c'est accepter de ne pas être un enseignant ordinaire mais de situer son activité entre la crèche et l'école. Ce statut peut dérouter l'enseignant, il lui faudra donc trouver de nouveaux repères pour mettre en œuvre une pédagogie différente, adaptée aux tout-petits.

Accueillir des enfants de moins de 3 ans, c'est aussi accueillir leurs parents en leur ouvrant les portes de l'école, de la classe ; c'est également les associer à la scolarisation de leur enfant en leur donnant un rôle à jouer. En effet, les parents des tout-petits doivent être envisagés comme de réels partenaires de l'école. Ils vont devoir préparer l'enfant à sa rentrée, l'accompagner, apprendre à gérer leurs émotions liées à la séparation.

Inscrire son enfant dès l'âge de 2 ans à l'école, même lorsqu'il a déjà fréquenté une structure d'accueil, n'est pas toujours une démarche simple pour les parents. Cela signifie qu'il faut accepter de voir son enfant grandir, gagner en autonomie… En effet, dans l'imaginaire collectif, la crèche et les assistantes maternelles renvoient au « bébé », tandis que l'inscription en toute petite section rattache l'enfant à une étape ultérieure, celle de l'enfance et de l'école. Il s'agit d'une des premières étapes dans le processus de développement et d'indépendance de l'enfant. Cela amène d'une certaine manière les parents à devoir faire le « deuil » symbolique du bébé pour accueillir l'enfant en devenir, d'où l'importance d'associer les parents aux progrès et à l'évolution de leur enfant, et de penser l'accueil des tout-petits en tenant compte de leurs spécificités. L'enseignant de toute petite section devra prendre en compte cette dimension dans sa relation aux familles.

Les ressources numériques

Les ressources numériques contiennent :

– des documents en pdf personnalisables : courrier de la rentrée, livret individuel de suivi des compétences, etc.

– 15 films tournés en classe et proposés par l'auteure à titre d'exemple : la présentation de la mascotte, le film de la première période, les différents ateliers et espaces, les séances de langage, etc.

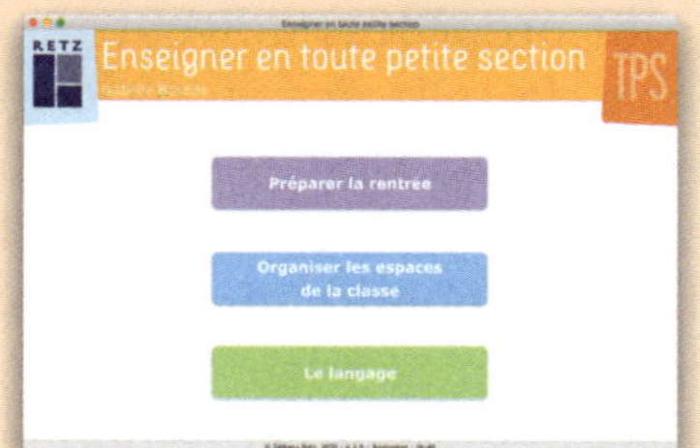

Une présentation des ressources numériques est proposée p. 128.

I – Préparer la rentrée en toute petite section

Accueillir des enfants de moins de 3 ans

Entrer à l'école maternelle peut être source de bouleversements pour l'enfant et pour ses parents. Il est donc important de veiller à ce que les choses se passent au mieux pour l'ensemble de la famille.

L'accueil des tout-petits doit être pensé et s'insérer dans un véritable projet de première scolarisation. Il s'agit de prendre en compte leurs besoins spécifiques, leur rythme de développement. Cet accueil nécessite également que l'enseignant adopte une posture particulièrement bienveillante et prenne le temps d'accompagner chaque enfant de manière individuelle dans la découverte de la classe mais aussi du rythme scolaire.

Des enfants aux besoins spécifiques

Les tout-petits ne sont plus des « bébés », mais des enfants en devenir, chacun d'eux est un individu à part entière, unique, qui a sa personnalité et son rythme de développement. L'enseignant va devoir prendre du temps avec chaque enfant afin de pouvoir l'accompagner, le guider et le stimuler de multiples façons. Cet accompagnement doit se faire de manière collective, c'est-à-dire par les contacts, les interactions et les activités proposés au groupe classe mais aussi, et surtout en début d'année, de manière individuelle. En effet, l'enseignant doit apprendre à connaitre chaque enfant afin de le comprendre, de cerner ses besoins et son rythme propre pour tenter de tisser avec lui une relation de confiance. Ce « suivi individuel » du tout-petit lui permettra de se reconnaitre en tant qu'individu à part entière évoluant avec d'autres enfants. Cette prise en compte de l'individualité du tout-petit lui évitera de se sentir perdu, noyé dans un groupe d'enfants. L'enseignant ne doit pas perdre de vue que pour certains, c'est lors de leur entrée à l'école maternelle qu'ils vont se trouver confrontés à autant d'enfants de leur âge. Le sentiment d'appartenir au groupe classe viendra, quant à lui, plus tard.

Les jeunes enfants ont des besoins qui relèvent de quatre ordres :

- **des besoins moteurs** ;
- **des besoins physiologiques** ;
- **des besoins psychoaffectifs** ;
- **des besoins sociocognitifs**.

Au sein de chacun d'eux, il est possible de constater des continuités et des oppositions.

Concernant les **besoins moteurs**, les tout-petits ont besoin de bouger, de déambuler, d'expérimenter les possibles de leur corps, mais ils ont aussi besoin de se cacher, de se poser et d'une certaine manière de se replier sur eux-mêmes. Si leur corps doit être en action, il est parfois nécessaire qu'il se mette au repos.

Le repos, **besoin physiologique** primaire, est un temps nécessaire aux très jeunes enfants. Ils ont un besoin de sommeil important. L'espace de la classe doit pouvoir leur permettre de s'isoler, d'être au calme, de s'évader et de rêver... Il faut également veiller à ce qu'ils soient propres et à l'aise. Le confort des tout-petits doit faire partie des préoccupations de l'école maternelle.

Ils ont également des **besoins psychoaffectifs** importants. Ils doivent se sentir reconnus, respectés et en sécurité. En effet, si la « prise de risques » fait partie de leur construction, les tout-petits doivent être en confiance et, dans ce cas, il s'agit bien évidemment de risques mesurés. L'école maternelle doit permettre à l'enfant de s'explorer pour se connaitre et de développer l'estime de soi. Cette connaissance de soi passe par l'autonomie et l'indépendance, l'expérimentation de ses possibles et de ses limites...

Enfin les jeunes enfants présentent des **besoins sociocognitifs**. Pour se construire et s'apprivoiser, ils doivent communiquer, entrer en interaction avec les autres mais aussi rester silencieux. Il est de plus nécessaire de les confronter à des situations et à des activités favorisant la découverte et l'apprentissage. Ils doivent pouvoir explorer, observer, essayer, créer, imaginer...

Si les besoins des jeunes enfants sont nombreux, ils sont aussi parfois contradictoires. Les enfants doivent être stimulés, c'est indispensable, mais il faut aussi tenir compte de leurs besoins d'isolement et de calme ainsi que de leur fatigabilité. Certains enfants veulent prendre leur temps, ils ont besoin d'observer longuement avant de faire... Laissons-les prendre ce temps !

L'enfance est une étape de la vie qui, bien que pouvant être déterminée par des stades formels, normatifs de développement, est avant tout un processus étonnant durant lequel l'enfant va grandir et s'épanouir. L'enfant va pouvoir pleurer, rire, jouer, s'ennuyer, bouger, se reposer, observer, chercher, s'émerveiller. L'enseignant doit être disponible pour répondre aux besoins élémentaires des tout-petits afin de leur laisser le champ libre pour tout cela. Il devra ainsi les accompagner et favoriser leur adaptation sociale, affective et intellectuelle. Afin d'illustrer ces différents besoins, l'enseignant pourra se référer aux documents d'accompagnement des programmes de 2015 disponibles sur le site Eduscol.[1]

La question de la propreté

Il n'est pas rare en toute petite section d'accueillir des enfants qui n'ont pas encore totalement acquis la propreté. Au vu de leur jeune âge, cela est normal, pour autant l'enfant doit être prêt à venir à l'école, c'est-à-dire que sa scolarisation doit pouvoir répondre à ses besoins. Certains tout-petits âgés de deux ans ne sont pas encore prêts à suivre le rythme de l'école, d'où la nécessité de décaler parfois leur entrée en toute petite section en novembre ou même plus tard.

Cependant, si un enfant semble prêt à venir à l'école mais que la propreté n'est pas encore acquise, celle-ci ne doit pas représenter un frein à sa scolarisation.

L'enseignant devra donc travailler avec l'ATSEM (dont le rôle sera développé pp. 24-25), les parents et l'enfant autour de cette question pour amener doucement le tout-petit vers la propreté. Au besoin, l'enseignant peut contacter différents partenaires et professionnels de la petite enfance afin d'élaborer un projet commun autour de l'enfant et de ses parents, qui auront parfois besoin d'un soutien pour guider leur enfant dans cet apprentissage.

Dans le cas d'un enfant qui ne serait pas propre mais prêt pour l'école, il sera nécessaire d'établir avec la famille un dialogue afin d'échanger avec les parents sur ce sujet et comprendre pourquoi l'enfant n'est pas encore propre. Certaines familles auront besoin de se sentir en confiance et d'être

---

1. Ministère de l'Éducation nationale, de l'Enseignement supérieur et de la Recherche, *Ressources maternelle – La scolarisation des enfants de moins de 3 ans Un projet pédagogique et éducatif, http://eduscol.education.fr/ressources-maternelle, 2015. enfants de moins de 3 ans, Un aménagement de l'espace bien pensé*, pp. 5-15, http://eduscol.education.fr/ressources-maternelle

rassurées, car amener son enfant à devenir propre, c'est accepter de le voir grandir et de le considérer comme un enfant et non plus comme un bébé. Cette sécurité affective est parfois le seul élément bloquant dans le processus, et c'est par le dialogue et la relation de confiance que va construire l'enseignant avec les familles que cette étape pourra être franchie.

Pour certains enfants, le simple fait de **passer aux toilettes régulièrement** avec « les copains » suffira à déclencher le processus ; pour d'autres, en revanche, cela sera plus long et demandera une implication réelle de tous les acteurs. Le passage aux toilettes doit être envisagé à la fois comme un temps d'apprentissage mais aussi un peu comme un jeu, notamment pour les tout-petits qui ne seraient pas encore propres. En effet, mettre en avant le côté ludique peut être stimulant et permettra à ces enfants d'être plus confiants, plus à l'aise et les incitera à la propreté.

Pour d'autres enfants, **ce passage collectif les bloquera complètement**, l'enseignant devra donc aménager avec l'ATSEM des passages aux toilettes individuels et/ou en petits groupes.

La scolarisation des moins de 3 ans doit se faire en accord avec les besoins et le rythme des jeunes enfants. L'enseignant et l'ATSEM de la classe doivent ainsi accepter de suivre des rythmes différents et de réaliser des aménagements avec les familles.

Le doudou et la tétine

Qu'il s'agisse d'un doudou ou d'une tétine, il est probable que le tout-petit arrive à l'école accompagné de ces objets dits « transitionnels ». Comment réagir ? Faut-il les accepter dans la classe ?

Ces objets ont avant tout **un rôle sécurisant**, permettant au jeune enfant de gérer la séparation, avec sa mère notamment. Ils vont permettre au tout-petit de prendre de l'assurance, de s'affirmer en s'éloignant progressivement de ses parents.

Au vu de ce que la rentrée et une première scolarisation représentent pour le jeune enfant en termes de bouleversements affectifs, il semble pertinent d'accepter qu'il entre en classe accompagné de son doudou et/ou de sa tétine. De plus, suivre le rythme de la classe et des activités qui y sont proposées peut s'avérer véritablement éprouvant pour le tout-petit, qui, en plus des dépenses énergétiques liées à la gestion de ses émotions, devra faire face à celles demandées par son implication dans les diverses activités. Il n'est pas rare qu'en fin de matinée, les plus jeunes aient besoin de leur doudou « pour reprendre des forces » et se reposer en toute sérénité.

Certes envahissants au départ, ces objets vont permettre à l'enseignant de **travailler avec l'enfant sur la gestion de ses émotions et de ses angoisses**. Le doudou va lui permettre d'accepter petit à petit la séparation quotidienne d'avec ses parents. Si la séparation est un moment douloureux pour lui, le doudou permettra à l'enseignant de calmer le chagrin et la détresse que l'enfant pourra parfois ressentir.

Lorsque la séparation est acceptée et que l'enfant a pris ses repères dans la classe, il n'est pas rare qu'en milieu de matinée une pointe d'angoisse et/ou de fatigue apparaisse. Dans ce cas, l'enseignant pourra utiliser le doudou de l'enfant pour le rassurer et lui montrer que la classe est désormais un lieu de son existence : il a une « maison », une famille, une classe, des camarades... et même si la classe est un espace nouveau pour lui, son doudou le rattache à ce qui lui est familier. Le doudou et la tétine vont être des leviers pour amener le tout-petit à accepter la séparation, l'absence de ses parents le temps de sa présence à l'école et lui permettre de trouver un élément connu dans un espace inconnu.

Progressivement, l'enseignant va travailler avec le tout-petit pour qu'il puisse **se détacher de son doudou**. Si au départ il évolue dans la classe et participe à des activités avec son doudou, ce n'est pas grave dans la mesure où, ce qui importe, c'est qu'il prenne du plaisir dans ce qu'il fait, qu'il trouve de nouveaux repères.

Cependant le doudou ne doit pas devenir un frein à l'activité de l'enfant, d'où la nécessité de l'amener dans un premier temps à le poser ponctuellement à proximité, juste à côté de l'espace de travail de l'enfant et de lui dire : « Tu vois, ton doudou est là ! Tu le vois, il ne bouge pas. Quand tu auras fini, tu pourras le reprendre si tu veux. »

Dans un deuxième temps, l'enseignant amènera le tout-petit à poser toujours au même endroit son doudou pour aller en salle de motricité par exemple. Dans ce cas, l'enfant devra quitter des yeux son doudou durant le temps de l'activité et pourra ensuite le retrouver.

Dans un troisième temps, l'enseignant pourra, après le temps d'accueil, demander de poser le doudou dans un espace dédié à cela dans la classe (dans la « maison des doudous », les poser les uns à côté des autres sur une table...), le doudou sera visible par l'enfant qui ne l'aura pas avec lui. Il convient cependant d'éviter de mettre tous les doudous dans un panier pour limiter la prolifération des microbes ; de plus, un doudou est un objet personnel propre à l'enfant et il semble important de respecter cette individualité.

Boite à idées

Le doudou au service des apprentissages

Le doudou peut servir d'appui pour construire des attitudes liées à des situations d'apprentissages scolaires et aider l'enfant à « devenir élève ».

Proposer à l'enfant de poser son doudou le temps de faire une activité pourra l'aider à construire et à reconnaitre la situation comme une situation spécifique d'apprentissage scolaire et symbolisera ainsi une première entrée dans l'école et ses apprentissages : accepter de poser son doudou ou sa tétine est un premier pas pour « devenir élève ».

Cette séparation symbolise le fait que le temps d'apprentissage scolaire est un temps bien spécifique de la vie sociale de l'enfant qui a ses règles et codes, qu'il faut apprendre, appréhender et s'approprier.

Le doudou pourra également servir de prétexte à l'enseignant pour amener l'enfant à prendre part à une activité, à découvrir un espace, un objet, le doudou constituant un moteur affectif très fort. Le doudou peut ainsi faire l'objet d'un projet en début d'année : l'enseignant pourra créer la « maison des doudous », réaliser un livre des doudous de la classe, une exposition des doudous… L'objectif du projet constituera un prétexte à mettre le tout-petit en activité. En effet, il sera ainsi amené à photographier son doudou, à réaliser un fond pour la photographie, etc.

La maison des doudous

Enfin, les doudous seront invités à rester à l'extérieur de la classe, dans les sacs des enfants par exemple. Cette séparation se fait en général au cours de la période 3 voire plus tôt selon les enfants.

Ces sacs ont d'ailleurs une réelle importance ; en effet, ils constituent pour les enfants un lien avec leur vie en dehors de l'école au sein de leur famille. Le petit sac de l'enfant est l'objet qui le suit chaque matin de la maison à l'école, il a donc une charge symbolique forte empreinte de repères personnels. Il n'est d'ailleurs pas rare que les enfants montrent leur sac à l'enseignant en disant : « c'est MON sac ! ». Ce sac est à la fois un lien avec la famille et un repère pour le tout-petit qui lui permet de prendre conscience qu'il grandit et commence une existence indépendante de ses parents. Ce petit sac peut également être envisagé par l'enfant comme l'équivalent du cartable de son grand frère ou de sa grande sœur, il est donc un signe tangible du fait qu'il n'est plus un bébé.

La bienveillance, une nécessité

La toute petite section constitue une première entrée dans l'école et dans les apprentissages scolaires. Cette entrée dans un monde nouveau très codifié, et au départ contraignant pour un enfant de moins de trois ans, doit se faire progressivement, en douceur, en tenant compte de son rythme de développement et de ses besoins spécifiques.

Lors de son arrivée à l'école, le tout-petit va se trouver confronté à ce qui peut s'apparenter à une véritable épreuve pour lui : le moment de la séparation. Cela constituera le premier problème auquel le jeune enfant devra faire face. Il est important de souligner que, pour de nombreux enfants ayant ou non fréquenté la crèche ou toute autre structure d'accueil, cette séparation, bien qu'elle ait été préparée, restera un épisode « violent ».

Avant même d'adopter une posture d'élève, le tout-petit devra, avec l'aide et le soutien de l'enseignant, gérer, accepter cette violence et transformer cette souffrance en un élément positif qui lui permettra de trouver un cadre, un espace de vie qui le fera grandir et où il pourra s'épanouir, progresser et gagner une autonomie qu'il n'avait pas avant.

Pour toutes ces raisons, la bienveillance sera une attitude indispensable à l'enseignant de toute petite section. Le tout-petit en manque de repères en début d'année aura besoin que l'adulte soit là, disponible pour lui.

Être bienveillant à l'égard d'un enfant, qu'est ce que cela signifie ?

Une attitude bienveillante nécessite tout d'abord de **répondre à ses besoins fondamentaux**, qu'ils soient physiologiques, affectifs, etc. L'enfant doit se sentir reconnu par l'enseignant en tant qu'individu qui, avant d'appartenir au groupe classe, a une identité qui lui est propre et des besoins particuliers qui doivent être satisfaits. Il ne s'agit pas ici de répondre à des caprices mais à de véritables besoins.

La bienveillance n'est possible que si l'on évite les « rapports de force », c'est-à-dire que l'enseignant ne pourra **faire accepter son autorité** au tout-petit, que si celui-ci la lui reconnait. Cette reconnaissance de l'autorité par l'enfant passe avant tout par une relation basée sur la confiance et le respect. Il est important de souligner que la « véritable autorité » n'est pas celle que l'on peut imposer aux autres mais celle que les autres nous reconnaissent.

Respecter le tout-petit et être à l'écoute de ses besoins et de ses **émotions** semble nécessaire dans la mesure où le jeune enfant va avoir besoin d'être accompagné par l'adulte dans la découverte et la maitrise de ses émotions. En effet, dire à un enfant qui pleure « Je vois que tu pleures, pourquoi es-tu triste ? », à un autre en colère « Tu es en colère, je le sais, je le vois. Dis-moi pourquoi ? », c'est montrer à l'enfant qu'il compte, qu'il existe et que ce qu'il ressent est important.[2]

Cette première prise en compte des sentiments va amener l'enfant à s'exprimer sur son malêtre, et dire ce que l'on ressent c'est déjà mettre le ressenti à distance. Il en est de même pour l'enfant qui fait un caprice : l'enseignant doit expliquer qu'il ne répondra pas à la demande, non pas par plaisir, mais parce que cette demande ne répond pas à un besoin, elle n'est donc pas justifiée. Ce refus entraine souvent une réaction de colère, parfois violente chez le tout-petit qui attend une forme de reconnaissance à défaut d'une réponse positive à son caprice. L'enseignant devra donc dire à l'enfant qu'il voit sa colère et comprend son malêtre mais que ce n'est pas en s'énervant que l'on obtient ce que l'on désire.

Mettre des mots sur ce que l'enfant ressent l'amènera à prendre conscience de la situation. Il aura besoin d'un temps pour se calmer, voire même de s'isoler. Une fois l'orage passé, l'enseignant pourra revenir avec l'enfant sur ce qui s'est passé afin de lui faire comprendre qu'il a agi non contre lui mais pour lui. Il sera alors important de mettre en avant les efforts et les progrès du tout-petit dans l'expression de son ressenti.

2. À ce sujet, voir *La boite à émotions de Zatou*, Éditions Retz, 2016.

Être bienveillant à l'égard des tout-petits se traduit également par de la **souplesse dans l'organisation du temps et de l'espace**. En effet, l'enseignant doit observer et s'adapter au rythme de l'enfant et non lui demander de suivre son rythme. C'est parce qu'il aura accepté d'être parfois détourné de son objectif que, petit à petit, l'enseignant amènera en fin d'année l'ensemble de son groupe classe à « devenir élève », à avoir un comportement scolaire. En effet, les tout-petits auront, au cours de l'année écoulée, découvert et acquis une posture, un comportement et un rythme qui s'approcheront de celui d' « élève ». En début d'année, l'enfant est individuel, le sentiment d'appartenir à un collectif pour y trouver sa place représente un des enjeux majeurs de la première année d'école.

Être bienveillant, c'est aussi **encourager l'enfant** en soulignant ses réussites, ses progrès. Cette reconnaissance positive de ses acquis lui permettra de prendre confiance et l'incitera à essayer de nouvelles activités, à aller vers d'autres situations qui jusqu'à présent pouvaient lui faire peur. La bienveillance est nécessaire pour amener le tout-petit à progresser et à prendre conscience de ses progrès. Ce sentiment de fierté qui naitra chez lui petit à petit lui permettra également de porter un regard positif sur ce qui se passe en classe : l'école ne sera plus associée à un moment difficile, à une contrainte, mais de plus en plus à un moment agréable et stimulant au cours duquel l'enfant prendra conscience qu'il apprend, grandit, se fait des amis…

Penser la rentrée

La première rentrée est un moment important dans la vie d'un enfant et dans celle de ses parents : entrer à l'école c'est un peu comme devoir faire un « grand saut » dont la principale difficulté est l'acceptation de la séparation. Les pleurs, les cris et les angoisses seront probablement nombreux ce matin-là, il est donc important d'adopter une posture rassurante et sécurisante pour les familles. Afin que ce moment clé de la vie scolaire des enfants se déroule au mieux, il est important de le penser, de l'aménager compte tenu de leur jeune âge et d'y associer les parents. Ces derniers ont un rôle à jouer dans cette première rentrée : ils doivent préparer leur enfant à ce moment particulier. Un enfant peut accepter d'être séparé de ses parents s'il se sent en sécurité et en confiance, ce sentiment se construira progressivement et venir à l'école deviendra « naturel » pour lui.

Préparer la rentrée à venir dès le mois de juin

Dans le cas d'une première scolarisation, il semble important d'établir un lien avec les familles dès le mois de juin de l'année précédente lorsque les parents viennent inscrire leur enfant afin de commencer à établir une relation de confiance.

Inscrire son enfant à l'école dès l'âge de deux ans n'est pas si simple pour les parents qui doivent alors accepter de voir grandir leur enfant, qui ne sera plus « un bébé ». À cela s'ajoute le fait que lors de l'inscription, l'enfant est particulièrement jeune, certains n'auront que 18 mois. Il est donc important de donner confiance aux parents dès ce moment.

Une première **visite de l'école** peut être proposée ainsi que des moments de rencontre au cours desquels, les futurs élèves et leurs parents viennent par petits groupes passer une heure dans la classe avec l'enseignant et ses élèves. Le fait de voir d'autres enfants à peine plus âgés qui ont plaisir à être à l'école constituera un élément rassurant pour les parents. Ces moments de rencontre peuvent avoir lieu sur des matinées ou des après-midis.

Durant ces rencontres, l'enseignant laissera les enfants évoluer avec leurs parents au sein de la classe, commencera à établir un lien avec les tout-petits. Ce sera également l'occasion pour l'enseignant de **présenter aux parents le déroulement de la rentrée ainsi que le fonctionnement de la classe** :

- la prise en compte des besoins du jeune enfant ;
- l'évolution que connaitra l'espace de la classe ;
- le déroulement d'une matinée ;
- les activités proposées…

Toutes ces informations auront pour but de rassurer les parents et de leur expliquer que, certes, leur enfant entrera à l'école maternelle mais qu'il s'agit d'une classe ayant un fonctionnement et un mobilier adaptés aux tout-petits, différents des autres classes de l'école.

L'enseignant devra également être particulièrement à l'écoute des interrogations des parents et répondre autant que possible à leurs questions.

Il est aussi important d'associer les parents à la rentrée de leur enfant en leur faisant prendre conscience du rôle de préparateur qu'ils vont avoir à jouer pendant l'été. Ces premiers contacts semblent particulièrement nécessaires dans les milieux moins favorisés afin de dédramatiser l'entrée à l'école des tout-petits pour des parents qui gardent parfois un très mauvais souvenir et une image négative de l'école.

C'est donc lors de ces prises de contact que la relation parents/enseignant/école va commencer à se construire, d'où l'importance d'être accueillant, rassurant, bienveillant à l'égard des familles, parents et enfants.

Organiser la rentrée

La rentrée peut être organisée de différentes manières : elle peut être échelonnée ou non, sur une ou plusieurs matinées. Cependant, compte tenu de l'âge et des besoins spécifiques des moins de trois ans, il est conseillé d'envisager la rentrée de manière progressive afin de ne pas « brusquer » le jeune enfant et de faciliter ce moment difficile pour lui.

La **mise en place d'une rentrée échelonnée** nécessite une organisation au préalable en équipe. En effet, ce type de rentrée demande quelques aménagements : horaires décalés, présence des parents sur un temps long... Dans la mesure où il ne s'agit pas d'une rentrée classique où les parents arrivent à l'ouverture de l'école, déposent leur enfant et reviennent le chercher en fin de matinée, l'organisation de cette rentrée devra être présentée et expliquée aux familles, lors de l'inscription de l'enfant par exemple.

Le principal avantage de la rentrée échelonnée réside dans le fait que seul un petit groupe d'enfants est présent ; cela permet à l'enseignant de se rendre disponible pour tous les enfants et leurs parents, qui peuvent de plus rester auprès de leur enfant.

La présence des parents semble indispensable pour les tout-petits qui vont devoir apprendre à gérer la séparation chacun à sa manière. Il est nécessaire de prendre en compte les besoins et le rythme de chaque enfant individuellement pour ne pas le laisser « en situation de souffrance » ; d'où l'importance, dans la mesure du possible et en accord avec la famille, d'aménager le temps de présence en classe.

L'objectif est, à terme, d'amener l'enfant à passer la matinée à l'école. Certains ne pourront passer qu'une ou deux heures dans la classe par matinée, sur une période de plusieurs semaines, l'important étant que l'enfant passe un temps régulier à l'école et significatif pour lui et ses parents.

Le jour de la rentrée, l'enseignant devra avoir une attitude particulièrement rassurante et sécurisante pour l'enfant. Il l'amènera à découvrir les différents jeux et espaces de la classe. Durant les premières matinées, il faudra garder à l'esprit que l'enfant qui arrive à l'école pour la première fois n'a plus ses repères habituels, il doit s'adapter, découvrir et appréhender un lieu et des visages nouveaux.

Un des enjeux des premières semaines d'école sera la construction de repères par l'enfant, l'enseignant devra donc le guider et l'accompagner dans cette élaboration. Durant cette phase d'adaptation, l'enseignant va pouvoir observer chaque enfant et ainsi adapter son comportement.

Boite à idées

Organiser une rentrée échelonnée

Il est possible d'envisager une rentrée sur un ou plusieurs jours, voire une semaine en procédant ainsi :

– l'effectif d'enfants pouvant faire leur rentrée en septembre est divisé en deux : chaque groupe passera une demi-matinée dans la classe (groupe 1 première partie de la matinée, groupe 2 seconde partie de la matinée) ;
– le premier jour les parents sont invités à rester en classe avec leur enfant ;
– le deuxième jour, les parents seront amenés à quitter la classe afin que l'enfant passe 30 à 40 minutes seul avec ses camarades, l'enseignant et l'ATSEM.

Chaque jour, le temps de présence des parents se réduira afin d'habituer les enfants à évoluer seuls dans la classe. Lorsque la gestion de la demi-matinée sera possible par l'enfant et ne constituera plus une source d'angoisse permanente, l'enseignant pourra augmenter le temps de présence à l'école de l'enfant.

Bien entendu, selon le nombre de jours que l'enseignant consacrera à la rentrée, le nombre d'enfants dans les groupes, le nombre de groupes, le temps de présence des parents ainsi que celui des enfants pourront être modulés.

Il est conseillé d'informer les familles de cette organisation, par le biais d'un courrier, largement en amont de la date de rentrée.

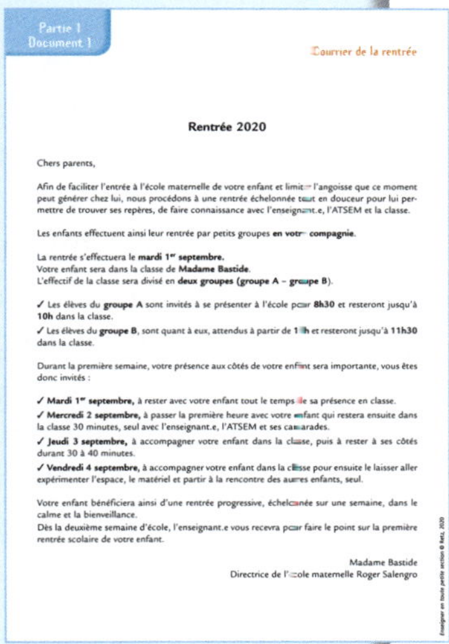

Partie 1
Document 1

Courrier de la rentrée

Rentrée 2020

Chers parents,

Afin de faciliter l'entrée à l'école maternelle de votre enfant et limiter l'angoisse que ce moment peut générer chez lui, nous procédons à une rentrée échelonnée tout en douceur pour lui permettre de trouver ses repères, de faire connaissance avec l'enseignant.e, l'ATSEM et la classe.

Les enfants effectuent ainsi leur rentrée par petits groupes **en votre compagnie**.

La rentrée s'effectuera le **mardi 1er septembre.**
Votre enfant sera dans la classe de **Madame Bastide**.
L'effectif de la classe sera divisé en **deux groupes (groupe A – groupe B**).

✓ Les élèves du **groupe A** sont invités à se présenter à l'école pour **8h30** et resteront jusqu'à **10h** dans la classe.

✓ Les élèves du **groupe B**, sont quant à eux, attendus à partir de **10h** et resteront jusqu'à **11h30** dans la classe.

Durant la première semaine, votre présence aux côtés de votre enfant sera importante, vous êtes donc invités :

✓ **Mardi 1er septembre,** à rester avec votre enfant tout le temps de sa présence en classe.

✓ **Mercredi 2 septembre,** à passer la première heure avec votre enfant qui restera ensuite dans la classe 30 minutes, seul avec l'enseignant.e, l'ATSEM et ses camarades.

✓ **Jeudi 3 septembre,** à accompagner votre enfant dans la classe, puis à rester à ses côtés durant 30 à 40 minutes.

✓ **Vendredi 4 septembre**, à accompagner votre enfant dans la classe pour ensuite le laisser aller expérimenter l'espace, le matériel et partir à la rencontre des autres enfants, seul.

Votre enfant bénéficiera ainsi d'une rentrée progressive, échelonnée sur une semaine, dans le calme et la bienveillance.
Dès la deuxième semaine d'école, l'enseignant.e vous recevra pour faire le point sur la première rentrée scolaire de votre enfant.

Madame Bastide
Directrice de l'école maternelle Roger Salengro

Document 1 – Courrier de la rentrée

Accueillir l'enfant au quotidien

L'accueil du matin constitue le moment où le tout-petit passe d'enfant à élève, il laisse la maison pour aller à l'école. C'est une étape importante de la journée, elle doit donc être pensée et préparée en amont par l'enseignant.

L'espace classe deviendra progressivement un espace familier pour le jeune enfant. Il y aura ses repères et ses habitudes. C'est la raison pour laquelle si les jeux et situations qui y sont présentés doivent changer pour ne pas créer de lassitude, certains éléments eux, doivent persister durant toute la période afin qu'ils deviennent des référents pour le tout-petit. Ils seront source de confiance et de repères pour certains.

Le tout-petit doit se sentir accueilli et attendu par l'enseignant, qui doit se montrer disponible dès son arrivée dans la classe. Cela commence par se dire bonjour, et se poursuit physiquement en serrant, par exemple, l'enfant dans ses bras. Cet accueil affectif n'est pas une obligation bien entendu. Certains enfants en auront besoin plus ou moins longtemps et d'autres non. Concernant l'espace, le matériel disponible lors de l'arrivée dans la classe doit être attirant et plaisant pour l'enfant.

Ce temps d'accueil est un temps durant lequel l'enseignant doit construire une relation de confiance avec les parents et avec l'enfant. Si l'enseignant doit se rendre disponible pour accueillir chaque enfant, il doit également l'être pour répondre aux sollicitations des familles.

La **durée** de ce temps d'accueil évoluera tout au long de l'année. Cette évolution prendra en compte les besoins des enfants et ceux de leurs parents. En effet, en début d'année, ce temps d'accueil sera probablement long pour permettre :

- à l'enfant de construire ses repères et de les retrouver chaque matin ;
- à ses parents de prendre confiance, d'accepter la séparation et d'être rassurés par l'enseignant.

L'année avançant, les repères de chacun se stabiliseront avec le temps et la durée de ce temps d'accueil diminuera au profit de temporalités différentes (activités ritualisées : accueil de la mascotte, comptines).

Une fois les parents partis, l'enseignant pourra :

- observer les enfants afin d'apprécier leurs évolutions ;
- discuter et échanger avec différents enfants ;
- rassurer d'éventuelles angoisses.

Une fois le temps d'accueil terminé, les tout-petits seront amenés à **ranger le matériel** qu'ils auront sorti à leur arrivée, ils seront aidés de l'enseignant et de l'ATSEM. Cette étape de rangement peut être ritualisée ou non par l'utilisation d'une chanson : dès que les enfants entendront la chanson, ils sauront qu'il est l'heure de ranger. En début d'année, la mise en place d'un tel signal est prématurée, elle arrivera plus tard lorsque des habitudes de classe et d'élèves seront installées.

Il peut être intéressant de travailler sur cet aspect avec le/la collègue de petite section en fin d'année afin d'établir une certaine continuité entre les deux classes.

Boite à idées

Une mascotte dans la classe

En toute petite section, la mascotte de la classe peut devenir un véritable repère pour les enfants, voire un moteur dans les apprentissages.

Figure emblématique et fixe de la classe, la mascotte pourra participer à l'accueil des tout-petits ou aux différents évènements importants, amener des surprises, participer au lancement d'une nouvelle activité… Ce personnage rassurant fera petit à petit partie du quotidien des enfants qui s'attacheront à elle, l'enseignant pourra alors mettre en place des petits rituels tels que « le réveil de la mascotte » par exemple.

La mascotte peut constituer un réel moteur affectif : sa ressemblance éventuelle avec un doudou invitera les tout-petits à s'attacher à elle, à s'occuper d'elle, à prendre de ses nouvelles, à lui préparer des surprises, à la faire participer aux activités… autant de possibilités qui pourront accompagner les tout-petits dans les apprentissages.

En effet, par le biais de la mascotte, l'enseignant pourra :

- amener un élève en retrait à réaliser une activité pour faire comme celle-ci ;
- accompagner les enfants à découvrir l'espace classe en partant à sa recherche ;
- demander aux tout-petits de verbaliser leurs actions pour lui raconter ce qu'ils ont fait ;
- construire des séances de langage motivantes pour l'ensemble de la classe (voir la partie III de l'ouvrage sur le langage), etc.

La mascotte pourra également faire un lien entre l'école et les familles si l'enseignant décide de la faire voyager chez l'un des tout-petits, le temps d'un weekend par exemple.

Film 1 – Présentation de la mascotte

Durant ce temps d'accueil, il est important de travailler avec l'ATSEM qui, en plus de répondre aux besoins premiers des enfants, sera également là pour les rassurer, les amener à découvrir des jeux nouveaux et prendra auprès des parents le relai de l'enseignant, lorsque ce dernier ne sera pas disponible (sollicité lui-même par d'autres parents ou un enfant...).

Boite à idées

Accueillir différemment

Afin d'éveiller l'intérêt de ses élèves pour un jeu, une situation, un objet... l'enseignant peut choisir de s'installer sans rien dire. Progressivement, certains enfants viendront voir ce qui se passe et la conversation s'engagera : les tout-petits regarderont et poseront peut-être des questions auxquelles l'enseignant fera le choix de répondre ou non.

Ce temps de langage informel peut permettre à l'enseignant d'amener un enfant à s'exprimer sur un refus : par exemple, si un enfant refuse de faire de la peinture, il viendra peut-être regarder l'enseignant en faire, de là pourra s'ensuivre un échange pouvant entrainer un changement chez cet enfant.

Le rôle de l'ATSEM

L'ATSEM est un agent territorial spécialisé des écoles maternelles, c'est un personnel accompagnateur qui intervient dans la classe conjointement avec l'enseignant pour le bienêtre des enfants. Son rôle est important et sa présence nécessaire en classe de toute petite section.

L'ATSEM de la classe deviendra très rapidement **un des adultes référents** pour les tout-petits. Elle sera là pour les accompagner dans la gestion et l'acceptation de la séparation d'avec leurs parents en les rassurant, en les aidant à prendre de nouveaux repères dont elle fera partie. En leur portant une attention particulière, l'ATSEM permet aux tout-petits de développer un sentiment de sécurité et de confiance.

Elle assiste l'enseignant pour les questions d'hygiène et de propreté et veille également à ce que les tout-petits se sentent à l'aise. Elle aide les jeunes enfants à se moucher, les change en cas de besoin, les accompagne pour le lavage des mains après une activité salissante, aide pour l'habillage et le déshabillage... L'ATSEM guide les tout-petits dans l'acquisition d'une nouvelle autonomie pour ces différentes tâches : elle montre les gestes adaptés et encourage les tout-petits à essayer seuls.

Elle sera également présente au dortoir pour accompagner les enfants lors de l'endormissement.

L'ATSEM épaule les tout-petits dans la découverte de la vie en collectivité en rappelant les règles de la classe mises en place par l'enseignant mais aussi en leur permettant de comprendre la nécessité de respecter les autres.

Si l'ATSEM agit auprès des tout-petits afin de leur permettre de se sentir bien en classe et à l'école en apportant les soins nécessaires à leurs besoins physiologiques, elle a également un rôle à jouer auprès de l'enseignant pour contribuer aux apprentissages.

Bien que l'organisation des activités et la progressivité des apprentissages restent à la charge de l'enseignant, **l'ATSEM s'occupe de la préparation du matériel** nécessaire aux différentes activités et peut être amenée à prendre sous sa responsabilité un groupe d'enfants. Elle doit alors mener l'activité en suivant les directives et les objectifs visés par l'enseignant. L'ATSEM contribue également au développement langagier des tout-petits et doit donc être attentive au vocabulaire employé et à la structure des phrases utilisées.

Boite à idées

L'ATSEM, un partenaire pour l'enseignant de toute petite section

L'ATSEM de la classe doit être intégrée au projet d'accueil et participer à son élaboration car son rôle auprès des tout-petits est important : elle servira de repère, accompagnera la séparation, les guidera dans la classe… Elle doit donc savoir comment le dispositif fonctionne, quels en sont les enjeux.

La relation ATSEM/enseignant en toute petite section doit être pensée comme un partenariat et s'articuler autour des enfants et de leurs besoins. En effet, ces deux adultes de la classe, bien qu'ayant chacun un rôle et des missions spécifiques, doivent œuvrer ensemble au bienêtre des tout-petits, à leur développement, à leur sécurité. Il est ainsi possible de mettre en place des temps de concertation au cours desquels le bilan des activités pourra être fait, la préparation des futurs ateliers discutée… Il ne s'agit pas ici de demander à l'ATSEM de réaliser le travail de l'enseignant mais d'échanger avec elle sur les projets à venir, les différentes possibilités matérielles et d'organisation. Par exemple, l'ATSEM peut sortir un groupe de la classe pour réaliser telle ou telle activité sans la présence de l'enseignant.

Accueillir les parents, penser la parentalité

Accueillir l'enfant, c'est aussi accueillir sa famille. L'enseignant de toute petite section sera amené à davantage communiquer avec les parents que ses collègues. Cette particularité est directement liée au jeune âge de ses élèves. Les parents auront sans doute plus de questions, voire d'angoisses portant sur la séparation, l'adaptation à l'école, la propreté. Il est important de se rendre disponible sans pour autant que cela n'empiète sur le temps de classe. L'enseignant pourra mettre en place différents outils et supports de communication.

Accueillir les parents à l'école

À l'âge de 2 ans et même après, très peu d'enfants racontent ce qui se passe à l'école. Pour les parents, l'espace de la classe est source d'inquiétudes et d'interrogations. Pourtant, il ne doit pas représenter un espace fermé dont ils sont tenus à l'écart. C'est donc à l'enseignant de veiller à ce qu'ils trouvent leur place au sein de la relation que crée leur enfant avec l'école.

Communiquer avec les familles

La relation école/famille doit être basée sur une confiance mutuelle qui commence dès la première rencontre, au moment de l'inscription de l'enfant au cours de l'année précédente. Il est important que, dès le début, l'enseignant accorde aux parents une attention particulière. Cela passe par une information claire et détaillée des enjeux d'une première scolarisation, d'une présentation du projet mis en place par l'école pour accueillir les tout-petits (aménagement, souplesse des horaires, rythme des activités). Les premières rencontres entre la famille et l'école seront déterminantes pour la relation à venir entre ces deux partenaires.

Les parents doivent savoir d'une part que leur tout-petit sera accueilli dans des conditions particulières, pensées pour de très jeunes enfants,

Le cahier de la mascotte.

et d'autre part qu'ils auront eux-mêmes une place et un rôle important dans cette première année d'école.

La communication entre les parents et l'enseignant au sujet de la vie de la classe et le développement de l'enfant est indispensable. Afin que cette relation se déroule au mieux, outre son attitude bienveillante et son écoute, l'enseignant pourra mettre en place **différents outils permettant aux parents de prendre connaissance de ce qui se passe au sein de la classe** (cahier de vie de l'enfant, de la classe, cahier de la mascotte, blog, film, livret de langage[3] ..) :

- **Le cahier de vie** dans lequel l'enseignant pourra présenter les différents projets et travaux réalisés par la classe (œuvres, recherches collectives) et par l'enfant lui-même. Ses progrès pourront également y figurer ainsi que des photographies et autres documents en lien avec la vie de l'enfant à l'école. Une partie de ce cahier sera quant à elle réservée à la famille afin qu'à chaque période de vacances et/ou à certains weekends, l'enfant puisse y raconter ce qu'il fait, les évènements auxquels il a participés… Selon les années, l'enseignant pourra ainsi faire le choix de mettre en place des cahiers de vie individuels ou un seul cahier pour la classe qui pourra circuler de famille en famille.
- **Un blog de classe** pourra également être mis en place sur des sites académiques. En effet, chaque académie met à disposition des classes des environnements numériques de travail pouvant accueillir, par exemple, un blog d'école et/ou de classe. Ces sites sont sécurisés et permettent ainsi aux familles concernées d'avoir accès à des photographies, des vidéos et autres documents qui ainsi ne sont pas diffusés sur la toile en libre accès.
- **Le cahier de la mascotte** peut prendre la forme suivante : les premières pages présenteront la mascotte, les règles d'hygiène et de bon usages du cahier et de la peluche. Les pages suivantes permettront à chaque famille de raconter ce qu'il s'est passé lors de la venue de la mascotte chez eux (dans le cas où l'enseignant choisirait de faire voyager la mascotte de famille en famille).

3. Ce livret fera l'objet d'une présentation détaillée dans la partie consacrée au langage.

Cette liste n'est bien entendu pas exhaustive, chaque enseignant pourra créer ses propres supports selon les besoins et les envies des familles. L'objectif étant de faire le lien entre l'école et les familles en présentant ce qui se passe dans la classe et ce qui se passe à la maison. En fin d'année, les différents supports choisis constituent ainsi une sorte de rétrospective de la vie de la classe et/ou des évènements marquants que l'enfant a vécus chez lui. Ces supports permettent également de donner un aperçu des activités mises en place, d'évènements importants qui ont eu lieu, du rythme de vie de l'enfant.

L'enseignant devra rester vigilant quant à la forme du support utilisé pour communiquer avec la famille sur la vie de l'enfant en classe et dans sa famille. En effet, il ne s'agit pas de placer les parents en difficulté mais au contraire d'instaurer un climat de confiance et de sécurité. Ainsi, afin de donner à l'ensemble des parents les moyens de s'exprimer et d'échanger sur la vie scolaire de leur enfant, le choix d'un cahier à compléter à chaque période de vacances ne sera pas toujours judicieux, notamment dans les milieux moins favorisés où de surcroit certains parents rencontrent de véritables difficultés avec l'écrit tandis que d'autres n'oseront pas le remplir de peur d'être jugés. Dans ce cas, l'enseignant pourra se tourner vers d'autres supports : expositions de photographies, de travaux, films...
Si l'enseignant fait le choix de mettre en place un livret à compléter, il veillera à le présenter soigneusement aux familles en leur indiquant précisément ce qu'elles devront en faire. Le livret et son fonctionnement devront être particulièrement clairs.

Boite à idées

Le film de la période

Ce film a pour objectif de présenter la vie de la classe au cours d'une ou plusieurs périodes de l'année de TPS (également réalisable sur une année complète) afin de développer un sentiment de sécurité chez les familles en leur montrant un contenu positif et valorisant.
Le film constitue une excellente alternative au cahier de vie et remporte un véritable succès auprès des parents qui peuvent ainsi avoir un aperçu réel de ce qui s'est passé dans la classe et de prendre conscience des différents apprentissages réalisés par leur tout-petit.
Les enfants sont photographiés et/ou filmés lors :

- des temps forts des projets ;
- des évènements particuliers (anniversaires, expositions des travaux, etc.) ;

– du temps d'accueil, des temps d'ateliers ordinaires ;
– des séances de motricité ;
– de la recréation (c'est un moment important dans la construction identitaire de l'élève car aller en recréation, c'est aller à la rencontre des autres élèves de l'école et s'approprier un espace différent de celui de la classe) ;
– de situations amusantes, ce qui constitue un petit clin d'œil ludique et affectif pour les parents.

Les photographies et les vidéos sont ensuite organisées selon l'emploi du temps de la classe afin de donner aux parents une idée du déroulement d'une période ou d'une matinée par exemple.
L'ensemble du film créé à l'aide d'un logiciel adapté peut être mis en musique afin de le rendre plus vivant. Le film pourra ensuite être présenté lors d'une réunion de fin d'année ou à chaque fin de période, puis transmis aux parents.

Remarque : Attention toutefois à l'utilisation du film et de la photographie. L'autorisation de la prise d'image des tout-petits doit être demandées aux parents en début d'année et réservée à un usage au sein de l'école ou de la famille uniquement.

Un film réalisé par l'auteure est donné dans les ressources numériques à titre d'exemple.

Film 2 – La première période en toute petite section

Un espace d'accueil pour les parents

Dans le cadre d'une première scolarisation, il peut être intéressant de prévoir durant les premières semaines un espace d'accueil réservé aux parents au sein de l'école. Ils pourront ainsi rester à proximité de leur enfant une fois qu'ils auront quitté la classe. Cela peut faciliter leur absence momentanée dans la mesure où ils ne sont pas obligés de rentrer chez eux puis de revenir 30 à 40 minutes plus tard. Ils pourront aussi être rassurés, par l'ATSEM ou l'enseignant qui leur donnera au besoin quelques informations sur leur enfant en « temps réel » (il ne pleure plus, il joue...). Cet espace pourra, bien entendu, selon les besoins des familles perdurer tout au long de l'année et s'organiser. En effet, dans le cas où l'on ferait le choix de rendre cet espace durable, il est important que ce qui s'y passe s'organise afin que l'école ne prenne pas des allures de salle d'attente.

Cet « espace parental » pourra permettre aux parents d'élèves de faire connaissance les uns avec les autres dans un contexte différent de celui des relations de voisinage. Ils pourront s'y retrouver pour des réunions avec l'enseignant, des rencontres thématiques ou non, organisées en partenariat avec la PMI[4] du secteur (l'enseignant qui le souhaite pourra ainsi élaborer un projet avec l'aide de son directeur d'école). Les parents pourront échanger avec les professionnels pour avoir différentes informations sur le développement de leur enfant.

Un des objectifs d'un tel espace est avant tout de reconnaitre aux parents leur « statut social de parents » en leur donnant une place au sein de l'école.

Envisager les parents comme des partenaires de l'école

Accueillir les parents à l'école, c'est aussi les faire participer à la vie scolaire en organisant des réunions, des ateliers de parents (ateliers dont les modalités sont présentées par la suite), des rencontres lors d'évènements particuliers, ou les solliciter pour accompagner des sorties scolaires.

Dans les milieux difficiles, beaucoup de parents peuvent avoir construit une image négative de l'école en référence à leur propre vécu, l'enseignant devra donc faire en sorte que cette image évolue car un parent méfiant ne permettra pas à l'enfant de se sentir bien à l'école.

La place des parents dans les nouveaux programmes

Les nouveaux programmes de l'école maternelle (Bulletin officiel spécial n° 2 du 26 mars 2015[5]) accorde une place importante aux parents

---

4. Protection Maternelle et Infantile.
5. Ministère de l'Éducation nationale, de l'Enseignement supérieur et de la recherche, Bulletin officiel spécial n° 2 du 26 mars 2015 arrêté du 18-2-2015 - J.O. du 12-3-2015 MENE1504759A MENESR.

à l'école, puisqu'ils sont mentionnés dès le premier paragraphe. Cette présence dans les textes officiels n'est pas nouvelle en soi, dans la mesure où elle apparaissait déjà dans les programmes précédents. En revanche, ce qui est nouveau, c'est le rôle et l'importance qui leur sont accordés : ils deviennent de véritables partenaires de l'école maternelle, avec lesquels une réelle coopération doit être mise en place.

La question des parents et de la parentalité dans les nouveaux programmes de 2015 fait écho à la circulaire n° 2013-142 en date du 15 octobre 2013[6] portant sur la relation école/parents.

Cette circulaire pointe l'importance de renforcer cette relation en agissant sur 3 leviers :

- rendre effectifs les droits des parents en termes d'information et d'expression ;
- travailler dans une perspective de coéducation en ouvrant l'école et en développant différentes modalités de coopération ;
- mettre en place des actions visant l'accompagnement de la parentalité.

Travailler en coéducation

Communiquer avec les parents est essentiel à tous les niveaux de l'école maternelle notamment en toute petite section pour instaurer une relation basée sur le respect et une confiance mutuelle dès le départ. Le parent du tout-petit doit être envisagé comme un partenaire de l'école et de l'enseignant à ses yeux, à ceux de l'institution mais aussi à ceux de son enfant. En effet, il est important que l'enfant ait conscience que ses parents et « l'école » vont travailler ensemble et œuvrer pour son développement et son bienêtre.

Plus les parents auront confiance dans l'école et sentiront qu'on leur accorde une place dans la vie scolaire de leur enfant, plus ils s'impliqueront dans son suivi.

Dialoguer avec les parents consiste à :

- écouter ce qu'ils ont à dire au sujet de leur enfant ;
- répondre à leurs interrogations au sujet de l'école ;
- échanger sur la scolarité de leur enfant en signalant les progrès, les évolutions, les éventuels problèmes ;
- développer et accompagner leur intérêt pour son parcours scolaire ;

---

6. Ministère de l'Éducation nationale, de l'Enseignement supérieur et de la recherche, *Renforcer la coopération entre les parents et l'école dans les territoires*, circulaire n° 2013-142 du 15-10-2013 RED - DGESCO B3-3 et B3-1.

- leur faire découvrir les exigences et normes du monde scolaire qui parfois sont très éloignées de celles de la sphère familiale ainsi que leur rôle de parents d'élève ;
- leur faire prendre conscience que l'école est un lieu de socialisation et d'apprentissages où l'enfant va grandir, devenir autonome, apprendre, développer des liens affectifs avec d'autres personnes que les membres de la famille…

Les parents constituent pour les enfants des repères essentiels qui, de fait, font partie de leur existence. Il faut donc penser leur présence à l'école et leur rôle de partenaire. Si l'enseignant doit veiller au développement affectif, cognitif, moteur du tout-petit, cela ne peut se faire sans prendre en compte la dimension sociale et familiale de l'enfant, d'où la participation des parents dans la vie scolaire de l'enfant. Les parents sont les personnes ressources vers lesquelles l'enseignant va se tourner pour dresser une carte du paysage social de l'enfant : quelles sont ses habitudes ? Qu'aime-t-il faire ou non ? Quelles difficultés éventuelles peut-il rencontrer ? Il s'agira de mieux connaitre l'enfant pour mieux appréhender son cheminement d'élève.

Afin de favoriser le développement d'une coéducation, l'enseignant pourra mettre en place différentes actions :

- la vie de la classe : cet espace à destination des familles permettra une **communication écrite ou photographique de ce qui se passe dans la classe**, d'évènements ou d'informations importants concernant le groupe classe et/ou des enfants en particulier. Ce support ne vise en rien l'étiquetage de tel ou tel enfant, il s'agit d'un support avant tout positif dont l'objectif reste la communication et la valorisation des échanges entre l'école et les familles ;
- **la boite des parents** ou boite à trésors : cette boite permettra au tout-petit de retrouver le lien avec ses parents en cas de besoin. Son contenu sera libre et se fera en coopération avec les familles (photographies des parents, de la maison, des animaux familiers, objets rappelant la maison…). Cette boite peut également devenir un outil collectif et devenir une boite commune dans laquelle chaque élève mettrait un objet lui rappelant sa famille ;
- **l'atelier des parents** : ce type d'atelier pourra prendre différentes formes. Il peut se présenter sous la forme d'une plage horaire hebdomadaire durant laquelle un ou deux parents peuvent s'inscrire pour venir partager un moment de classe. Les parents présents se verront confier s'ils le souhaitent un petit groupe d'enfants (comprenant ou non le leur, selon les envies de chacun) pour mener à bien soit une activité de leur choix (présentée au préalable à l'enseignant afin que

celui-ci veille à son bon déroulement et à sa faisabilité), soit une activité que l'enseignant aura préparée. Cette participation des parents ne doit en aucun cas les mettre mal à l'aise, si certains ne souhaitent pas prendre d'enfants mais assister l'enseignant ou simplement être là en observateurs, cela devra être possible.

Les parents sont accueillis en classe et considérés en tant que parents d'élèves, c'est-à-dire qu'ils sont soumis aux règles de la classe au même titre que leurs enfants et les adultes de la classe. Les parents devront adopter une posture de parents d'élève qui diffère de celle de « simple parent ». En classe, ils devront se comporter de la même manière avec l'ensemble des enfants.
Lors de leur présence en classe, les parents pourront ainsi être des relais auprès de leur enfant et de ses camarades pour les aider à comprendre et à construire l'espace de la classe comme un espace particulier avec ses règles propres et des finalités spécifiques permettant les apprentissages.

Boite à idées

Le mur des parents

Sur un des murs de la classe et à hauteur des enfants, chaque famille pourra si elle le souhaite avoir sa photographie. Cette présence permet à l'enfant de « voir » ses parents en cas d'angoisse passagère ou du moins de trouver un repère supplémentaire pour construire sa sécurité affective. De même, cette présence des parents DANS la classe permettra aux parents de ne pas se sentir « exclus » de ce lieu.

Enseigner en toute petite section, une organisation particulière

Il est possible, notamment en début d'année que l'enseignant de toute petite section se trouve dérouté et ait le sentiment de ne pas « enseigner ». Ce sentiment est en réalité une fausse impression, certes les tout-petits ne sont pas à même de suivre des ateliers classiques, un parcours de motricité, écouter une histoire en entier… mais cela viendra progressivement. Le jeune enfant doit découvrir et apprendre de nouvelles habitudes, de nouvelles compétences qui l'amèneront petit à petit à poser les prémices de son « statut d'élève ». Tout est à construire avec lui et cela nécessite une organisation adaptée au préalable.

Une classe à part, entre la crèche et l'école

Enseigner en toute petite section, c'est prendre en compte les besoins des tout-petits, reconnaitre la spécificité d'une telle classe et ne pas la « confondre » avec une classe de petite section. Entre les enfants de 2 ans et ceux de 3 ans, il existe des similitudes mais surtout de grandes différences. La classe de toute petite section est une classe à part qui se situe entre la crèche et l'école maternelle.

En effet, bien que située au sein d'une école maternelle, elle doit s'en distinguer par son aménagement, son rapport à l'enfant, le rythme et le type d'activités proposées, la posture de l'enseignant. Tout est pensé comme une entrée dans l'école : l'enfant découvrira son statut d'élève et le parent deviendra progressivement parent d'élève.

Cependant, il ne s'agit pas non plus de la crèche : il n'y a que deux adultes pour l'ensemble du groupe, l'enseignant et l'ATSEM, le rythme et les activités mis en place sont différents, les objectifs visés par les activités qui même en toute petite section sont des apprentissages et des compétences scolaires, la posture demandée à l'enfant que l'on va accompagner pour qu'il devienne élève…

La toute petite section se situe donc au croisement de ces deux structures. En effet, certains éléments tels que la prise en compte des besoins fondamentaux et des rythmes des tout-petits sont des emprunts à la crèche avec une finalité différente liée au monde scolaire.

L'espace doit être pensé spécifiquement pour cette classe et demande une réflexion particulière afin de suivre au mieux le développement du tout-petit et de le favoriser tout au long de l'année.

Il en est de même pour l'organisation temporelle qui demande une grande souplesse tout en permettant aux tout-petits d'acquérir différents repères dans l'enchainement des activités et des temps de la classe. Les très jeunes enfants ont besoin de temps pour entrer dans une activité, trouver des repères et se sentir en sécurité, il ne faut pas vouloir aller trop vite.

L'enseignant doit également adopter une posture particulière afin de répondre au besoin affectif des tout-petits tout en leur permettant de grandir, de devenir autonomes et élèves. L'enseignant devra leur donner confiance et leur permettre de développer un sentiment de sécurité.

Une posture et des gestes professionnels spécifiques

Une des principales qualités de l'enseignant de toute petite section concerne sa capacité à s'adapter sans cesse. En effet, les tout-petits doivent être observés avec finesse afin de respecter leur rythme de développement et de répondre au mieux à leurs besoins. L'enseignant de toute petite section est donc amené à réévaluer ce qu'il propose très régulièrement.

Enseigner en toute petite section va demander à l'enseignant d'adopter une posture particulière et des gestes professionnels spécifiques.

L'adaptabilité

Il n'est pas rare, surtout en début d'année, que les tout-petits donnent l'impression de papillonner d'une activité à une autre sans se fixer réellement. L'enseignant de toute petite section doit donc accepter de ne pas mettre en place des « ateliers classiques » pour que ces va-et-vient lors de l'activité ne gênent en rien les apprentissages visés. Par « ateliers classiques », on entend ici les ateliers pour lesquels l'enfant doit rester assis et concentré un temps donné pour mener son activité au terme (un jeu qui durerait une dizaine de minutes par exemple, une « fiche d'exercices »...).

En toute petite section, l'enfant doit pouvoir s'en aller et revenir, l'atelier doit donc permettre ce va-et-vient. Progressivement, les tout-petits se fixeront et prendront même plaisir à rester à une activité et à reproduire une même action plusieurs fois.

L'enseignant doit donc accepter cette circulation et adopter une organisation extrêmement fluide dans un premier temps. Il peut ainsi être amené à commencer une activité puis selon les réactions des enfants, à laisser cette dernière de côté pour suivre certains élèves.

Ces changements d'activités doivent être potentiellement anticipés par une observation fine et quotidienne des tout-petits. Ainsi, l'enseignant sera à même de s'adapter à la situation et d'accompagner le passage d'une activité à une autre en proposant à chaque enfant une sollicitation adaptée à ses besoins, ses capacités, ses envies.

Proposer plusieurs activités et laisser les tout-petits évoluer librement permet d'une part de construire un sentiment de confiance et de sécurité (ils trouveront toujours une activité qu'ils connaissent et maitrisent) qui les amènera toujours à découvrir de plus en plus de choses, et d'autre part permet une meilleure répartition des enfants en petits groupes de 2 ou 3. Ce faible effectif permet à l'enseignant et/ou à l'ATSEM de communiquer, d'échanger avec les tout-petits plus facilement et ainsi de partager avec chacun d'eux des « moments privilégiés ».

L'importance du langage

Le langage doit faire l'objet d'une attention constante car il constitue un des enjeux majeurs d'apprentissage de cette année d'école. La langue utilisée par l'enseignant n'est pas le français que l'on peut qualifier d'ordinaire. En effet, elle est plus soutenue, plus construite et structurée que la langue parlée mais également plus explicite et beaucoup moins ambigüe. De plus, le langage de l'enseignant passera d'un mode à un autre, changera sans cesse de destinataire (le groupe classe, l'enfant en particulier, la mascotte). Pour la majeure partie de la classe, ce type de langage sera nouveau et demandera un temps d'adaptation.

Le langage de l'enseignant sera également déterminant pour amener les tout-petits à développer le leur. Cependant, l'enseignant doit veiller à ne pas trop solliciter les tout-petits et à leur laisser le temps de s'exprimer. Si un enfant ne veut pas parler, il ne faut pas le forcer, certains ont besoin de plus de temps, d'autres ne parleront qu'en situation duelle. Il est donc important que l'enseignant prenne chaque jour le temps de parler, d'échanger avec chaque enfant individuellement.

Les tout-petits ne s'expriment pas nécessairement très bien, les structures sont tronquées, la prononciation hésitante... certains parlent encore « bébé ». L'enseignant doit veiller à reformuler le plus souvent possible les propos des tout-petits en leur signalant qu'il a compris : « Tu veux dire que... », « C'est cela que tu veux... ». Lors de sa reformulation, l'enseignant veillera à enrichir le vocabulaire et/ou la structure utilisés.

La reformulation doit rester à la charge de l'enseignant, qui ne doit pas attendre des tout-petits qu'ils répètent ou reformulent.

L'enseignant devra également attirer l'attention des enfants sur ce qu'ils font et mettra en mots les différentes actions. Cette mise en mots permettra à la fois aux tout-petits de donner du sens à ce qu'ils font et d'enrichir leur vocabulaire.

L'étayage affectif

Les enfants de moins de 3 ans ont besoin de la présence de l'adulte et restent très dépendants de lui. Le tout-petit a besoin pour se construire, se rassurer et être en sécurité d'avoir une relation privilégiée avec l'adulte qui, par ses interactions et son empathie, contribuera à son développement psychique, cognitif et affectif en l'aidant à accepter la séparation. L'enseignant de toute petite section doit donc être disponible sur le plan affectif pour répondre aux besoins.

Chaque enfant a un rythme particulier qui demande à l'enseignant une observation fine afin de mettre en place une réelle différenciation pédagogique au niveau des activités mais également au niveau de sa propre posture afin de répondre aux mieux aux besoins et aux attentes de chacun. L'organisation mise en place doit donc être souple et évolutive. En effet, le profil de la classe change de manière considérable au cours de l'année.

L'observation

Observer les tout-petits s'avère indispensable pour adapter sa pédagogie et les activités que l'on propose. L'observation doit être à la fois globale pour mesurer les progrès du groupe classe dans son ensemble, et individuelle afin de mieux connaitre chaque enfant, de suivre son cheminement pour lui proposer des activités adaptées à ses compétences et à l'objectif que l'enseignant souhaite le voir atteindre, tout en s'assurant ainsi que tous progressent. L'enseignant sera également plus à même d'accompagner chaque enfant et de valoriser ses progrès.

L'observation individuelle peut sembler complexe à mettre en œuvre mais il est surtout question d'une habitude à prendre. Si elle est chronophage, elle s'avère cependant riche et utile sur le long terme et assure un gain de temps dans l'organisation et l'enchainement des activités. L'enseignant connaissant mieux ses élèves, il y aura moins de flottements, de débordements… Les éléments recueillis seront également pertinents lors des échanges avec les familles et permettront ainsi de rendre compte aussi précisément que possible des progrès de l'enfant. Le résultat des observations conduites par l'enseignant apparaitra dans le livret de progrès de chaque enfant ou sur tout autre support mis en place par l'enseignant et destiné à rendre compte de sa progression à sa famille ainsi qu'au reste de l'équipe éducative (pour faciliter la transition avec l'année suivante, par exemple).

Se constituer des outils de suivi des élèves

Afin d'optimiser son observation, l'enseignant pourra concevoir différents outils qui lui permettront d'assurer un suivi des élèves.

En début d'année, il peut être intéressant de tenir un petit journal de bord qui rendra compte de l'adaptation du tout-petit :

- Accepte-t-il la séparation ? Pleure-t-il ?
- Participe-t-il aux activités proposées en classe ? En salle de motricité ?
- Va-t-il vers les autres enfants ? Vers les adultes ? Communique-t-il ? Par quels moyens ?
- Arrive-t-il à se séparer de son doudou ? Le temps d'une activité ? De la matinée ?
- Est-il propre ? Est-ce qu'il demande lorsqu'il veut faire pipi ?

Autant de questions qui permettront à l'enseignant de se faire une idée de l'adaptation à l'école et aussi de rassurer les parents en suivant l'évolution de l'enfant, notamment en ce qui concerne les pleurs lors de la séparation qui au début peuvent être violents et s'éterniser.

Progressivement, l'enseignant pourra concevoir des outils collectifs ou individuels qui lui permettront de situer chaque enfant, de mesurer ses progrès et ses besoins pour lui proposer des activités adaptées qui le feront avancer.

Ces outils, comme le livret de langage (voir partie III : le langage en toute petite section), peuvent également être pensés de manière à impliquer la famille et ainsi à avoir un regard sur ce que l'enfant fait et la manière dont il évolue chez lui ; l'objectif est dans ce cas d'avoir une vision globale des progrès de l'enfant et de son cheminement.

Boite à idées

Concevoir des outils de suivi

Les outils de suivi que l'enseignant mettra en place peuvent prendre des formes différentes selon leur destinataire. Il est ainsi possible de concevoir :

– un tableau par « compétence » et/ou activité commun à la classe dans lequel l'enseignant renseigne pour une même activité ce qu'il observe chez chacun de ses élèves ;

– un tableau (ou une feuille) par élève sur lequel figure l'ensemble des « compétences » et/ou activités ;

– un carnet de suivi des apprentissages par enfant dans lequel l'enseignant fera apparaitre le cheminement du tout-petit.

Si le carnet peut être un support individuel adapté à la communication des progrès de chaque enfant à sa famille, ce type d'outil ne le sera pas nécessairement pour l'enseignant qui doit pouvoir, au cours d'une activité donnée, prendre des notes au sujet de plusieurs enfants en même temps. Dans ce cas, le tableau de compétences et de progrès sera plus approprié.

Partie 1
Document 2

Carnet individuel de suivi des apprentissages

Carnet de suivi des apprentissages

Prénom :

Nom :

Date de naissance :

Année scolaire	Section	Enseignant.e

Enseigner en toute petite section © Retz, 2020

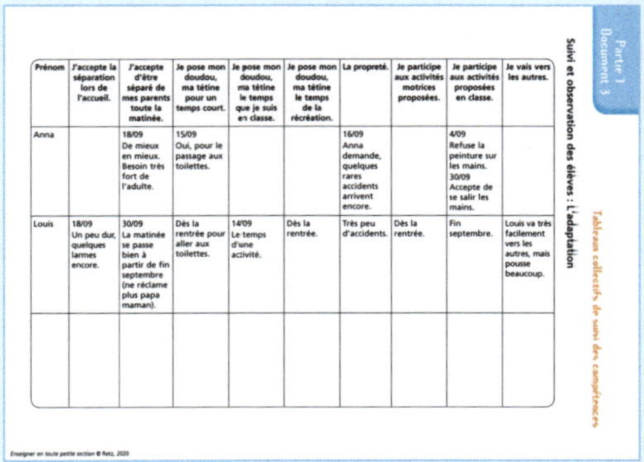
Partie 1
Document 3

Tableaux collectifs de suivi des compétences

Suivi et observation des élèves : L'adaptation

Prénom	J'accepte la séparation lors de l'accueil.	J'accepte d'être séparé de mes parents toute la matinée.	Je pose mon doudou, ma tétine pour un temps court.	Je pose mon doudou, ma tétine le temps que je suis en classe.	Je pose mon doudou, ma tétine le temps de la récréation.	La propreté.	Je participe aux activités motrices proposées.	Je participe aux activités proposées en classe.	Je vais vers les autres.
Anna		18/09 De mieux en mieux. Besoin très fort de l'adulte.	15/09 Oui, pour le passage aux toilettes.			16/09 Anna demande, quelques rares accidents arrivent encore.		4/09 Refuse la peinture sur les mains. 30/09 Accepte de se salir les mains.	
Louis	18/09 Un peu dur, quelques larmes encore.	30/09 La matinée se passe bien à partir de fin septembre (ne réclame plus papa maman).	Dès la rentrée pour aller aux toilettes.	14/09 Le temps d'une activité.	Dès la rentrée.	Très peu d'accidents.	Dès la rentrée.	Fin septembre.	Louis va très facilement vers les autres, mais pousse beaucoup.

Enseigner en toute petite section © Retz, 2020

Document 2 – Carnet individuel de suivi des apprentissages

Document 3 – Tableaux collectifs de suivi des compétences

Penser l'espace de la classe

Scolariser des enfants âgés de 2 ans nécessite de penser l'espace et de l'aménager d'une manière particulière. Les tout-petits vont avoir besoin de bouger, de déambuler librement, de se cacher, de se reposer, voire de se replier sur eux-mêmes. Ils vont rechercher l'activité ainsi que le repos, la communication mais aussi le silence… Leurs besoins sont très nombreux et présentent bien souvent un caractère antagoniste. Aménager sa classe demande à l'enseignant de mener une réflexion sur les besoins liés au développement des très jeunes enfants. Faut-il mettre en place des « coins » ? Lesquels ?…

Le terme de « coin » couramment utilisé à la maternelle pour désigner les différents lieux de la classe porte en lui une connotation que l'on pourrait qualifier de « négative ». Négative parce qu'avec l'idée de « coin » vient aussi celle d'un lieu en partie « fermé », c'est la raison pour laquelle il sera question dans cet ouvrage d'« espace », terme qui renvoie à une idée d'ouverture et de liberté de mouvement.

L'enseignant qui accueille des tout-petits doit garder en tête cette idée de va-et-vient entre différentes activités, de circulation et de fluidité dans la classe. Les espaces de la classe doivent être des espaces ouverts entre lesquels l'enfant va pouvoir se déplacer, ce qui ne signifie pas que les activités vont se faire de manière anarchique. Tout doit être pensé pour faciliter les déplacements et les activités du tout-petit dans la classe.

Chaque espace devra donc être réfléchi, sécurisé et préparé avec rigueur afin d'être opérationnel[7].

Un espace évolutif

Les tout-petits vont considérablement évoluer durant cette première année d'école, leurs besoins et leurs envies se modifieront au cours du temps. Il est donc important que l'aménagement de la classe suive leur rythme de développement.

Si en début d'année les jeunes enfants ont besoin de beaucoup d'espace pour se déplacer avec des gros jouets et se repérer très facilement, parfois ils auront en même temps envie de s'isoler pour se reposer, se calmer, s'évader. Le besoin de tables et de chaises viendra plus tard. L'arrivée de ce mobilier modifiera la configuration de la classe et diminuera de fait l'espace disponible pour déambuler avec des charriots.

---

7. Voir C. Méjean, *Aménager les espaces pour mieux apprendre*, Éditions Retz, 2015.

Si l'organisation spatiale de la classe change, son contenu matériel aussi. Il est important que certains espaces et/ou objets restent inchangés (tels que l'espace réservé à l'hygiène avec les mouchoirs et l'eau, la maison des doudous, l'espace peinture et ses chevalets, etc.), ils serviront de repères au tout-petit et stabiliseront sa représentation de l'espace. Cependant, la nouveauté est également indispensable car les jeunes enfants aiment découvrir, tester... Ce besoin de nouveauté mais en même temps de stabilité rend indispensable une réflexion et une progression quant à l'organisation spatiale et matérielle de la classe. De plus, les modifications devront avoir lieu petit à petit sur l'ensemble de l'année afin de rester au plus près des besoins des tout-petits.

L'espace et le matériel à disposition doivent également changer afin que l'enseignant enrichisse les activités d'apprentissage proposées aux tout-petits pour les confronter à des situations nouvelles ou différentes, ce qui leur permettra de trouver d'autres réponses, d'élaborer d'autres stratégies.

Un exemple d'organisation spatiale sur 5 périodes

L'organisation des espaces au sein de la classe évoluera au cours des 5 périodes de l'année scolaire. Soit de manière peu significative : dans ce cas, le contenu matériel reste identique et seule la place change. Soit de manière plus radicale : dans ce cas, l'espace peut disparaitre le temps d'une période ou voir son contenu complètement renouvelé.

Ces changements d'espaces interviennent principalement pour :

- suivre l'évolution des enfants et répondre à d'autres besoins : grandir et commencer à devenir élève mais aussi apporter des éléments de réponses à des projets menés dans la classe ;
- apprendre à se repérer ;
- amener de la nouveauté en termes de matériel et d'activités pour apprendre à s'adapter.

Afin d'illustrer au mieux les différents changements possibles dans une classe de tout-petits, voici un exemple de progression sur 5 périodes. Chaque plan de la classe correspond à une période, certains espaces figurant sur les plans feront l'objet d'un développement particulier dans la partie II : Organiser les espaces de la classe de toute petite section.

Période 1

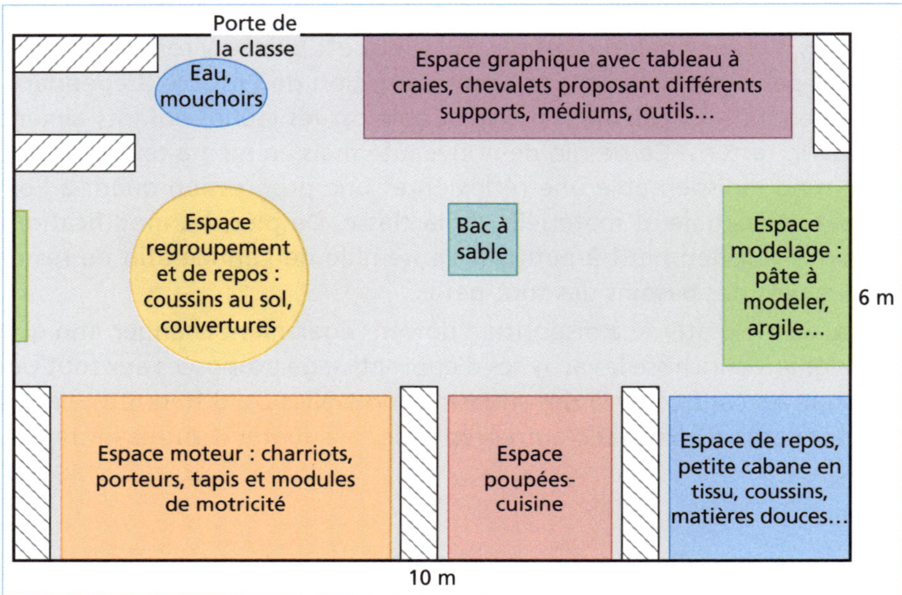

Période 2

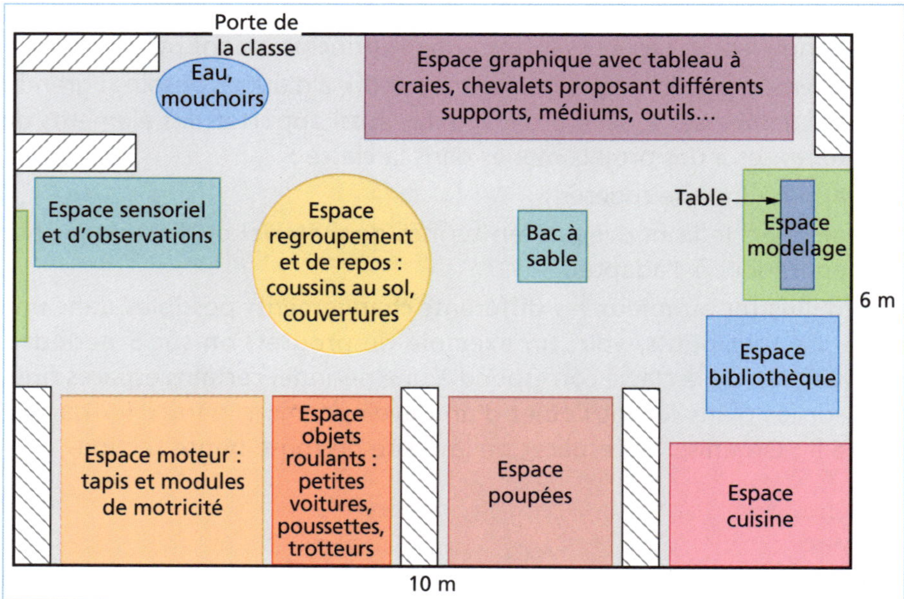

La flèche indique ici l'installation de la première table au cours de la période 2

Au début de l'année, les tout-petits travaillent au sol sur des toiles cirées.

Il est important de noter que si au cours des périodes 1 puis 2, l'espace est très ouvert et permet les déplacements d'objets roulants, plus le temps passe et plus la classe se structure différemment en accueillant progressivement des tables, des chaises, des espaces nouveaux…

Dans un premier temps, les enfants travaillent par terre sur des toiles cirées, ce qui permet d'une part de libérer l'espace quand l'activité est terminée (la toile est repliée et rangée) et d'autre part d'éviter aux enfants de tomber des petites chaises. Ils sont également plus à leur aise par terre à ce moment-là de l'année.

Les enfants grandissent et laissent progressivement le « petit enfant » à la porte de la classe pour devenir « élèves ». Leurs besoins changent. Si pousser, tirer, faire rouler sont des actions importantes en début d'année, au fil des semaines les tout-petits vont avoir envie de dessiner sur des plans horizontaux, d'être bien installés pour faire des puzzles, de la pâte à modeler, etc. Le besoin de table fait son apparition.

Comme on peut le voir sur les plans des périodes 3 et 4, l'organisation spatiale joue un rôle très important en lien direct avec des projets menés au cours de ces périodes. La période 3 a par exemple été dédiée au rond, à la sphère et au cercle : des balles, des ballons, des anneaux ont ainsi pris place dans la classe. La quatrième période a été consacrée aux cabanes, l'espace s'est alors « cloisonné » en maisonnettes.

Au sol, les enfants ont une plus grande liberté de mouvement.

Période 3

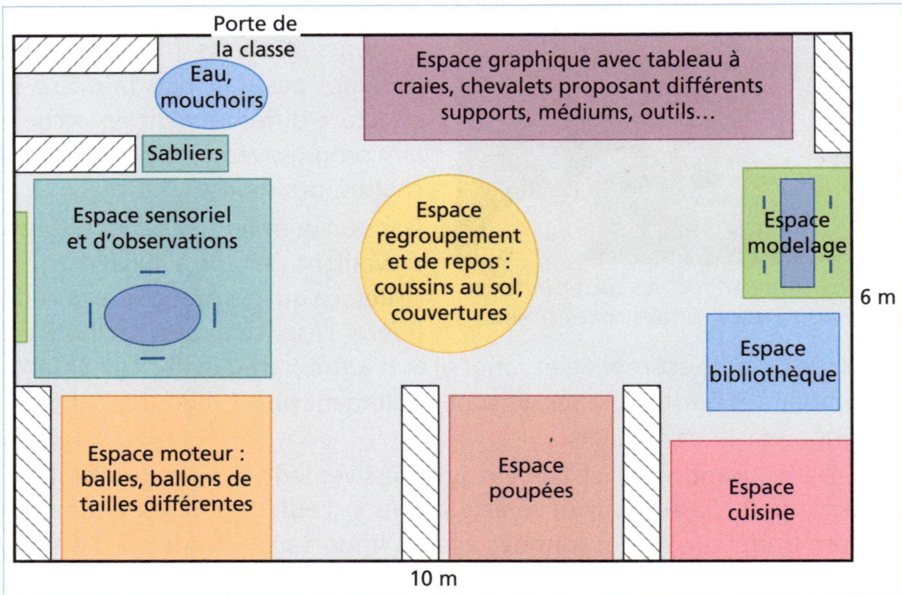

Période 4

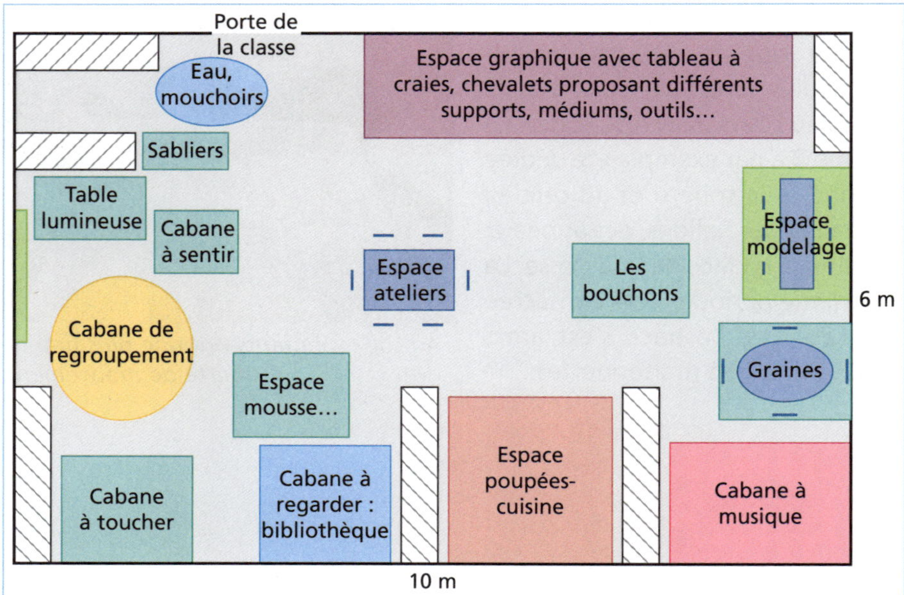

Le mobilier scolaire participe à la structuration de l'espace et contribue au développement de l'enfant. En effet, les situations et le matériel proposés sont de plus en plus complexes et demandent aux tout-petits d'adopter une posture différente, de laisser celle de l'enfant pour adopter une posture scolaire, celle de « l'élève en devenir ». Ainsi, en période 3, une table et des chaises sont amenées dans l'espace sensoriel. Cette table sera en partie dédiée à la manipulation de graines, de pâtes, etc., à l'aide de différents types de cuillères et autres récipients. Ce type d'activité va demander aux tout-petits de la concentration, le développement de la précision de leurs gestes, de « travailler » sur un espace défini (plateau individuel avec une réserve de graines, des ustensiles pour réaliser les transvasements, des récipients cibles). Les enfants vont être amenés à prendre une posture bien stable qui évitera les chutes de matériels, les gestes trop brusques… d'où l'intérêt de leur proposer une table et des chaises. En périodes 3 et 4, l'enseignant travaillera ainsi avec les tout-petits autour d'une nouvelle posture : être assis à une table.

Période 5

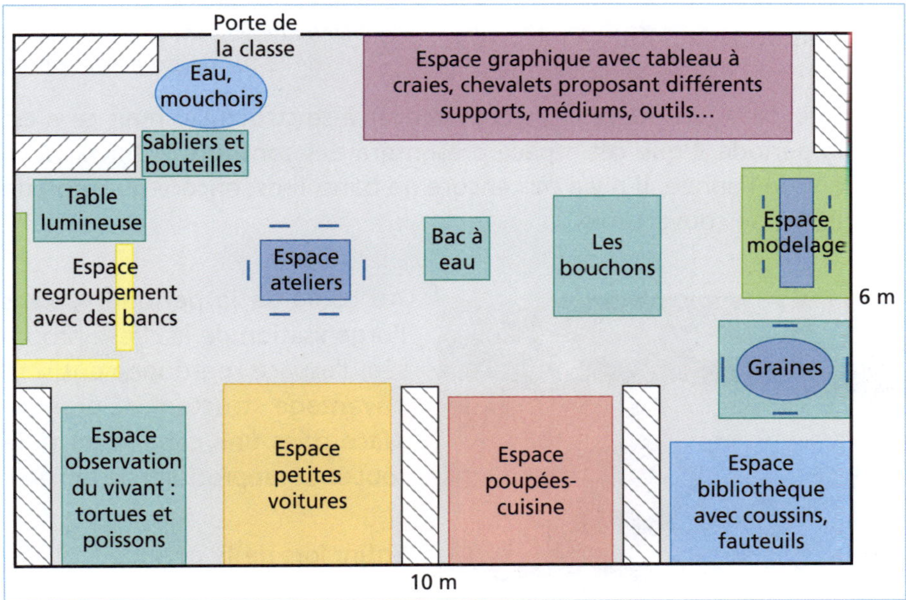

L'espace de la classe connaitra au cours de l'année de nombreuses modifications qui progressivement le structureront, depuis un espace très ouvert en début d'année vers un espace « organisé ». Ces changements s'achèveront lors de la dernière période avec l'arrivée d'éléments que l'on pourrait qualifier d' « emblématiques d'une classe d'école maternelle » :

les petits bancs de l'espace regroupement. Leur arrivée peut se faire bien évidemment plus tôt dans l'année, l'important étant que chaque élément du mobilier entrant dans la classe réponde à un besoin et soit significatif pour les tout-petits.

L'évolution de l'espace regroupement

Cet espace, sans doute un des plus caractéristiques de l'école maternelle, permet à l'ensemble de la classe de se retrouver. Il va prendre au sein de cette classe de toute petite section des apparences bien différentes.

Au cours de la période 1, cet espace peut ne pas avoir de réelle existence. Dans ce cas, il pourra être matérialisé par quelques couvertures et coussins posés sur le sol. Il peut ainsi servir d'espace de repos et répondre à l'un des besoins essentiels du tout-petit.

Deux élèves ont pris possession de la tortue pour se reposer.

Au cours de la période 2, il va commencer à se structurer mais ce n'est qu'à la période 3 que cet espace présentera des contours distincts : à ce moment de l'année, il n'y a pas encore de banc, il est encore question de coussins et de couvertures.

L'espace regroupement composé de coussins, au centre de la classe.

Au cours de la période 4, dans l'organisation de la classe proposée, l'espace regroupement sera davantage structuré et prendra place dans une cabane en tulle tout en se rapprochant du tableau.

Enfin, lors de la période 5, il ressemblera à l'espace regroupement tel qu'on se le représente généralement : des petits bancs près du tableau. L'apparition des bancs vise dans un premier temps à établir une liaison avec la classe

En fin d'année, une élève de TPS découvre les étiquettes de la semaine.

de petite section que fréquenteront les élèves à partir du mois de septembre suivant. De plus, les bancs vont leur permettre d'être assis à une bonne hauteur pour voir ce qui est présenté au tableau. L'enseignant pourra ainsi, selon l'intérêt de ses élèves, afficher la suite des jours de la semaine, les prémices d'une suite numérique présentant les nombres sous la forme de collections, de constellations, les photos des enfants présents dans la classe…

L'ensemble de « ces **affichages** » (jours de la semaine, constellations) n'aura pas pour objectif que les tout-petits apprennent les jours mais permettra la découverte des mots puis une première familiarisation par leur répétition régulière. Ces différentes informations nouvelles pourront être présentées par l'enseignant de petite section que les tout-petits auront l'année suivante, ce qui assurera une continuité entre les deux classes.

Ces affichages visent une première imprégnation de ce qui deviendra dès l'année suivante des outils de référence utilisés au quotidien. Ils permettent également de confronter les jeunes élèves à des éléments nouveaux qui vont susciter leur curiosité et éveiller leur intérêt. La présentation de ces affichages au tableau en fin d'année permet enfin aux tout-petits d'apprendre – du moins de découvrir – un « espace nouveau d'information » : le tableau. Ils vont commencer par le regarder, l'observer puis apprendront petit à petit à se repérer et à poser leurs yeux « au bon endroit » selon la demande de l'enseignant.

Il est important que ces affichages ne fassent pas leur entrée trop tôt sur les murs de la classe. En effet, si l'enseignant les met en place avant que les tout-petits soient assez matures, scolaires, pour leur donner un sens et s'y intéresser, ces affichages feront rapidement partie du décor habituel et lorsqu'en fin d'année l'enseignant souhaitera que les enfants s'y attardent, ces derniers ne se sentiront pas nécessairement impliqués, car déjà habitués. Il ne faut pas oublier que ces affichages sont avant tout des outils scolaires qui, sortis de leur contexte d'utilisation, se trouvent rapidement dénués de sens. En revanche, si l'enseignant « garde secrets » ces affichages et ne les dévoile qu'en fin d'année sur le tableau, lorsque les tout-petits seront des élèves en devenir, les enfants noteront la nouveauté et s'y intéresseront voire poseront eux-mêmes des questions à l'enseignant.

La présence des bancs devient donc significative pour les élèves : ils leur permettent d'être bien assis et de voir correctement ce que l'enseignant affiche sur le tableau. Leur installation peut se faire avec la maitresse de petite section dans le cadre d'une liaison TPS/PS au cours de la dernière période, par exemple.

C'est par une observation fine de ses élèves et les activités qu'il aura mises en place que l'enseignant va trouver les modifications à apporter à l'aménagement de l'espace de la classe tout au long de l'année.

Un espace sécurisant

L'espace de la classe doit être sûr pour ne pas mettre les tout-petits en danger, accueillant et rassurant afin de leur permettre de construire de nouveaux repères. Évoluer dans la classe, avec ou sans gros jouet, ne doit pas mettre l'enfant et ses camarades « en danger », d'où l'importance d'avoir un espace extrêmement ouvert où circuler n'est pas un problème.

Il sera également nécessaire de mettre en place avec les tout-petits des règles de vie qui seront valables pour tous et toute l'année. Ces règles ne doivent pas être trop nombreuses ni trop abstraites si l'enseignant veut qu'elles soient mises en pratique. Elles devront être bien choisies et répondre à un besoin pour les enfants : s'ils peuvent marcher dans la classe pour se déplacer, courir ne sera pas une action autorisée parce qu'il est alors plus difficile de s'arrêter, d'éviter de se cogner ou de tomber. Il est possible de manipuler les objets, de les déplacer d'un endroit à l'autre mais pas de les jeter…

Le choix des règles de vie et leur acceptation par les enfants, qu'elles soient en lien avec l'espace de la classe ou les relations entre pairs, vont faire l'objet d'un véritable apprentissage. Accepter et comprendre ces règles, c'est envisager l'école et la classe comme un espace particulier, c'est reconnaitre son appartenance à un groupe, c'est aussi commencer à devenir élève.

L'espace doit également être lisible et ouvert afin que l'enfant sache où il se trouve, où est l'enseignant qui lui sert de référent et où sont ses camarades. Si les tout-petits vont pouvoir se construire des repères dans la classe et prendre progressivement confiance en eux, ils doivent à tout moment pouvoir nouer un contact visuel avec l'enseignant. Cette communication non verbale suffira parfois à rassurer un enfant qui « sortira » de son activité et se demandera tout à coup : « Où suis-je ? Où sont maman, papa ? » Cet échange visuel rassurera l'enfant et lui permettra de se resituer.

Si l'espace doit évoluer pour suivre le développement des tout-petits et répondre ainsi à leurs différents besoins, il doit également comporter des éléments, des espaces fixes qui ne varieront pas au cours de l'année, tels que la maison des doudous, le point eau et mouchoirs, le mur des parents… Ces espaces permettront aux jeunes élèves de construire des repères stables qui, lors des modifications de l'organisation de la classe, faciliteront leur découverte. L'espace « eau et mouchoirs » vient en réponse à un besoin d'hygiène des tout-petits qui se déshydratent assez vite et ont souvent le nez qui coule. Il semble important que cet espace ne change pas de place dans la mesure où l'enfant qui a besoin d'un mouchoir va le vouloir vite, parfois « dans l'urgence », d'où la nécessité qu'il puisse le trouver facilement. De plus, cet espace sera un des éléments qui fera gagner le tout-petit en autonomie. En effet, il apprendra progressivement à répondre seul à ce besoin d'hygiène : il l'anticipera en sentant venir le besoin d'un mouchoir et ira chercher seul ce qu'il lui faut. Si l'on souhaite que l'enfant acquière cette autonomie, on doit lui fournir les moyens de le faire en mettant à sa disposition le matériel nécessaire à un endroit identifiable et fixe afin de lui éviter tout besoin de recherche.

Un espace attractif

Si l'espace de la classe doit être sûr et rassurant, il doit également être attractif afin d'inciter, voire d'encourager le tout-petit à explorer, à manipuler. L'espace et les sous-espaces qui le composent doivent être porteurs de découvertes et d'expériences afin d'amener les élèves à développer leurs gestes et leurs compétences, à tester, à parler, à s'interroger, à dépasser leurs peurs. Le matériel doit être coloré, en nombre et en bon état, présenter des caractéristiques différentes afin de susciter l'envie de le manipuler…

L'aménagement de la classe doit offrir aux tout-petits des conditions de bien-être propices à l'activité, aux apprentissages, et leur proposer une palette riche et variée d'aménagements et de situations dans un espace ouvert.

L'espace doit également être envisagé comme un lieu de communication dans lequel les interactions et la socialisation entre les enfants vont se mettre progressivement en place. Plus l'environnement des tout-petits sera attractif, ouvert et riche, plus ils seront incités à communiquer et à échanger sur ce qu'ils voient, font et découvrent.

Boite à idées

L'espace en résumé

Penser l'espace en toute petite section nécessite de mener une réflexion permanente afin de faire correspondre les besoins des tout-petits et les objectifs pédagogiques que l'enseignant se fixera. L'aménagement d'une classe de toute petite section doit à la fois permettre aux jeunes enfants d'avoir des repères stables et fixes, surtout en début d'année, tout en amenant régulièrement de la nouveauté. Pour cela, l'enseignant veillera à ce que :

– certains espaces et/objets restent à la même place plusieurs semaines ;
– d'autres changent de place ;
– des éléments nouveaux entrent dans la classe.

Il est important de proposer aux élèves de nombreuses activités afin que chaque enfant en trouve une qui réponde à ses besoins et suive son évolution.

Penser le temps dans la classe

Ce n'est pas parce que l'enseignant proposera des espaces ouverts que le temps d'activité doit être désorganisé. Au contraire, le temps d'activité doit être structuré tout en restant extrêmement souple. En effet, les tout-petits ont un temps d'attention très court, il est ainsi fréquent qu'au cours d'une activité l'un d'eux décroche pour aller voir ailleurs ce qui s'y passe.

Le temps est une notion abstraite particulièrement chez les tout-petits qui ne le perçoivent pas de la même manière que les adultes. En effet, attendre 2 ou 5 minutes, une matinée... cela ne représente pas grand chose pour eux, si ce n'est un moment qu'ils ne passent pas auprès de leurs parents, ce qui en début d'année s'avère être très angoissant pour eux. Il est donc important que l'enseignant structure le temps de présence des enfants en classe afin de les aider à construire des repères qui leur permettront de réduire l'angoisse de la séparation pour se consacrer aux apprentissages.

Si le temps est structuré et pensé selon les besoins et le rythme des tout-petits dans le but de réduire le plus possible les « contraintes temporelles » telles que l'attente, il faudra néanmoins faire preuve de souplesse afin de s'adapter en permanence et ne pas faire subir de pressions liées au temps aux enfants. Il faut aussi être capable de leur laisser le temps de faire, d'observer, d'agir et de découvrir, même si cela peut « retarder » les activités prévues après.

Alterner les temps

Les tout-petits ont d'une manière générale une faible capacité d'attention et ont besoin parfois de « papillonner », de s'arrêter pour se reposer. Il est donc important d'alterner les modalités de travail et d'interactions avec eux en les prenant en petit ou grand groupe, ou encore individuellement.

1. Temps collectif / temps individuel

En début d'année, travailler en grand groupe est difficile car les tout-petits n'ont pas encore l'habitude d'être assis quand tout le monde l'est, d'écouter les autres ou l'adulte. Les temps collectifs présentent de nombreuses contraintes qui vont faire l'objet d'un apprentissage et d'une appropriation par les jeunes élèves. C'est la raison pour laquelle en début d'année ces temps collectifs doivent être peu nombreux et extrêmement courts. Tant pis si certains élèves ne participent pas. Le fait même de commencer alors que certains ne sont pas encore là peut les inciter à venir rejoindre le groupe en éveillant leur intérêt.

S'il est difficile de capter l'attention de tous les enfants durant les temps de regroupement, ces temps sont nécessaires et permettront aux tout-petits différents apprentissages. Ils développeront progressivement le sentiment d'appartenance au groupe classe et se forgeront une nouvelle identité.

Afin d'éviter les débordements liés à un manque d'activité durant ces moments collectifs, l'enseignant devra veiller à ce que les enfants ne soient pas passifs mais au contraire qu'ils participent activement à ce temps de partage et d'échange.

Il est également important de donner une signification et une raison d'être à ces temps de regroupement, les tout-petits doivent comprendre qu'il va se jouer quelque chose à ce moment-là.

Ces temps collectifs doivent alterner avec des temps de travail en plus petits groupes composés de 2 ou 3 enfants. En début d'année notamment, les ateliers se dérouleront mieux si l'enseignant ne travaille qu'avec un nombre très restreint d'enfants, 2 ou 3 maximum. L'ATSEM pourra de son côté prendre un autre petit groupe d'enfants en charge, les autres élèves de la classe seront quant à eux en autonomie : ils découvriront les espaces de jeux et de manipulation que l'enseignant veillera à préparer consciencieusement pour éviter tout débordement.

Les tout-petits ont besoin d'apprendre à jouer seuls, de communiquer entre eux. Ces temps d'atelier au cours desquels l'enseignant et l'ATSEM ne mobilisent qu'une partie des élèves de la classe permettent à l'autre partie de développer ces différentes compétences. La courte durée des ateliers, notamment en début d'année, permettra à l'enseignant de prendre l'ensemble des élèves en passant d'un petit groupe à un autre.

Travailler en groupes restreints facilitera les interactions avec chaque enfant, permettra à l'enseignant de répondre aux besoins de chacun et limitera le temps d'attente pour les tout-petits.

2. Temps d'activité / temps de repos

Passer la matinée voire la journée en classe, sera éprouvant pour les tout-petits qui vont avoir besoin de temps de repos autres que celui de la sieste. Ils devront donc avoir à leur disposition un espace douillet et accueillant au sein duquel ils vont pouvoir se reposer, en s'allongeant ou en étant assis confortablement.

L'enseignant devra également prévoir d'alterner des temps d'activités tels que les ateliers, la motricité, et des temps de repos tels que l'écoute musicale, la relaxation. Durant ces temps de repos, les enfants trouveront le moyen de se poser, de se recentrer pour profiter pleinement du temps d'activité à venir. Ces temps seront également des temps d'apprentissage à part entière bien que différents des autres. Ils seront l'occasion pour le tout-petit de prendre conscience de son corps, de l'écouter, de gérer ses émotions, de développer ses sens tels que l'ouïe dans le cas des écoutes musicales. Ce sera également un moment propice à la formation du groupe classe puisque tous les enfants seront réunis pour se reposer ensemble et écouter ensemble. Le temps de repos est un temps durant lequel l'enseignant amènera le tout-petit à évacuer toutes les tensions dues aux activités, à l'effervescence qui peut régner en classe.

Penser les entre-deux : les routines et les transitions

Si l'enseignant doit veiller à alterner temps collectif et individuel, temps de jeu libre, d'activités et de repos, penser le temps c'est également amener le tout-petit à prendre de nouveaux repères, à appréhender l'enchainement des activités en classe, à prévoir ce qui va suivre et à développer ainsi un sentiment de sécurité.

La notion de temps va être appréhendée grâce à des activités régulières, répétitives, de transition, qui vont structurer la journée des tout-petits et limiter leurs possibles angoisses. En effet, l'anticipation de ce qui suit leur donnera le sentiment de « contrôler » ce qui se passe. Ces activités transitionnelles vont ainsi permettre de conserver un climat de classe agréable et favorable aux apprentissages en prévenant les situations difficiles. Elles peuvent sembler moins importantes que les temps d'ateliers traditionnels mais sont cependant indispensables et vont constituer des temps d'apprentissages à part entière : les tout-petits vont développer leur autonomie, des habiletés particulières, ainsi que la connaissance de soi.

1. Les activités de routine

Ces activités sont élémentaires et reviennent quotidiennement, en partie à heure fixe. Certaines auront pour objectif de répondre aux besoins fondamentaux du tout-petit : boire, éliminer, avoir une bonne hygiène, se calmer... D'autres vont participer au bien-être affectif du tout-petit en l'accompagnant dans la structuration du temps, dans l'anticipation de ce qui suit.

En ce qui concerne le besoin d'hygiène, on trouvera des activités comme le lavage des mains, le passage aux toilettes, le mouchage. Certaines activités prendront en compte le besoin de repos et de sommeil des tout-petits tandis que d'autres concerneront l'habillage et le déshabillage.

2. Les activités de transition

Il s'agit d'activités simples et souvent courtes qui auront pour objectif de faire le lien entre deux activités plus longues. Elles appellent ainsi un changement de lieu, d'activité, de partenaire de jeu...

Parmi ces activités figurent le rangement et le nettoyage, les temps de regroupement, les déplacements, le temps d'accueil et de départ mais également ce qui peut être qualifié « d'attentes inévitables ».

Les activités de transition nécessitent une attention spécifique de la part de l'enseignant de toute petite section dans la mesure où ce sont elles qui vont permettre le maintien d'un climat de classe agréable en évitant que le désordre et l'excitation ne s'imposent lors des temps « de flottement ».

Afin de faire de ces temps d'entre-deux, des temps d'intérêt, l'enseignant devra mettre en place des activités de transition qui consisteront à impliquer les tout-petits en tenant compte de leurs capacités pour ranger, nettoyer, etc. Cette implication permettra de responsabiliser les enfants, de les rendre autonomes, de développer leur motricité fine voire certains gestes scolaires et sera l'occasion de valoriser des progrès, des efforts.

Penser et gérer les temps d'attente

Les tout-petits n'aiment pas attendre. Certains ne savent d'ailleurs pas encore nécessairement le faire dans la mesure où, chez eux, ils n'attendent jamais. L'enseignant de toute petite section doit avoir en tête qu'un enfant qui s'ennuie trouvera toujours à s'occuper de quelque manière que ce soit.

Les temps d'attente sont donc potentiellement des temps de tension propices à la bousculade, à l'énervement... s'ils durent trop longtemps. Il est donc important que l'enseignant les réduise au minimum.

1. Limiter les attentes

Attendre 5 minutes peut sembler court lorsque l'on en a la notion, en revanche cela peut donner l'impression de durer une éternité lorsqu'on l'ignore. Afin d'éviter que les tout-petits ne s'ennuient et donc ne vaquent à d'autres occupations, l'enseignant devra veiller à limiter les temps d'attente auxquels ils peuvent être confrontés.

Lors d'ateliers, il est nécessaire que l'ensemble du matériel soit prêt à l'emploi lorsque les tout-petits se trouvent face à leur travail, notamment au cours des deux, voire des trois premières périodes. L'attente occasionnée par la préparation du matériel deviendra progressivement au cours de l'année un objet d'apprentissage lorsque le tout-petit comprendra qu'attendre peut présenter un intérêt.

Il est important d'impliquer les tout-petits dans le rangement et le nettoyage de l'activité effectuée en annonçant suffisamment à l'avance la fin de celle-ci. En effet, le fait de ranger et de nettoyer va les aider à développer une forme d'autonomie et certaines compétences motrices (déplacer de petits objets, enfiler des perles ou des pièces sur un abaque en vue de leur rangement). Les tout-petits commenceront aussi à comprendre que faire cette activité demande une certaine préparation. Ils appréhenderont progressivement mieux l'attente qui leur sera demandée avant de commencer une activité lorsqu'ils auront pu constater que ranger quand on a terminé prend un peu de temps.

L'attente concerne aussi les différents déplacements d'un lieu à un autre. Demander à des tout-petits de se ranger ou de se mettre les uns derrière les autres pour quitter la classe est une tâche relativement vaine en début d'année. En effet, pour les premiers enfants « correctement placés » attendre que les derniers le soient aussi va constituer un temps d'attente extrêmement long qui génèrera du bruit, des bousculades. De plus, pour l'enseignant, il ne sera question que de discipline et de rappel à l'ordre. Il est préférable d'effectuer les déplacements en plus petits groupes, ce qui permet d'instaurer progressivement des règles pour se déplacer telles que : « On se déplace en marchant, dans le calme. »… Ces déplacements peuvent notamment être répartis entre l'ATSEM et l'enseignant. Lorsque ces règles seront comprises et acquises par un grand nombre d'élèves, il sera possible d'envisager des déplacements en groupe classe.

Il est également nécessaire d'expliquer aux tout-petits les raisons d'un déplacement afin qu'ils anticipent ce qui va suivre et qu'ils s'y préparent. Cela permet de donner un sens au trajet en question : « Nous allons quitter la classe pour aller aux toilettes. Nous nous laverons les mains et ensuite nous pourrons aller dans la salle de motricité. »

Il est aussi conseillé de rendre ce déplacement attractif et ludique en proposant aux tout-petits de se rendre dans la salle de motricité sur la pointe des pieds, en berçant un bébé, en se déplaçant comme des poissons, des lapins, des robots, etc., en chantant une petite chanson…

En ce qui concerne le passage aux toilettes, il est préférable en début d'année que celui-ci ait lieu en petits groupes afin qu'il se déroule dans le calme et permette à chaque enfant de faire ce qu'il a à faire et de développer ainsi ses habiletés sociales dans de bonnes conditions. Il peut ainsi être pris en charge par l'ATSEM pendant que l'enseignant reste dans la classe avec le reste du groupe.

Si prévenir et limiter les différents temps d'attente est nécessaire, certaines attentes sont cependant inévitables.

2. Les attentes inévitables

Il y a toujours dans une journée des temps d'attente incompressibles et ce malgré la meilleure volonté du monde, d'où l'intérêt d'anticiper ces moments pour les rendre dynamiques et vivants aux yeux des tout-petits.

Attendre le bus pour aller en sortie scolaire, attendre son tour pour monter sur le toboggan ou s'engager sur le parcours de motricité, attendre la venue d'un invité surprise… ces attentes arrivent nécessairement à un moment ou à un autre et ne sont pas catastrophiques. En effet, il est normal d'avoir parfois à attendre même lorsque l'on a 2 ans. Cependant il est nécessaire de prendre en compte le fait qu'un tout-petit ne perçoit pas le temps comme l'enseignant, et qu'une attente peut vite sembler interminable si elle dure. Une attente trop longue et souvent répétée peut nuire au sentiment de confiance et de sécurité du jeune enfant.

Ces attentes inévitables peuvent être significatives pour le jeune enfant si elles sont raisonnables et « pensées » par l'enseignant. Il devra détourner l'attention des enfants en leur faisant chanter des comptines connues, en mettant en place différents jeux comme les jeux d'observation, en leur donnant un signal d'action : « Regarde bien, quand Zoé sera arrivée sur le tapis rouge, tu pourras y aller. »

Penser l'emploi du temps et les activités proposées

Organiser la matinée, voire la journée, en toute petite section demande à l'enseignant de prendre en compte la capacité d'attention des tout-petits, leurs différents besoins mais également le moment de l'année.

1. Penser l'emploi du temps

Le tout-petit va considérablement évoluer et changer au cours de l'année. Ses besoins et ses capacités seront donc très différents, d'où la nécessité pour l'enseignant de repenser son emploi du temps à chaque période afin de respecter le plus possible le rythme de développement du jeune enfant.

Nous l'avons vu, afin de répondre au mieux aux besoins fondamentaux des tout-petits, l'enseignant devra particulièrement alterner des temps d'activité en groupes restreints, des temps d'activité en grands groupes et des temps de repos. Lorsque l'on parle d'un temps d'activité, cela comprend la préparation de l'activité, l'énoncé de la consigne, l'activité elle-même, le temps de ranger le matériel mais aussi un temps pour que les tout-petits aient des interactions, échangent sur ce qu'ils font. Le jeune enfant doit avoir le temps de s'engager et de réaliser l'activité. S'il a besoin de plus de temps, l'enseignant devra s'adapter et ne pas le presser, d'où l'importance d'avoir pensé une organisation et une répartition des activités permettant une marge de manœuvre.

La souplesse est une des clefs de l'élaboration d'un emploi du temps en toute petite section de maternelle.

Les tout-petits doivent également trouver des repères dans le déroulement de la matinée, voire de la journée. Il est donc important de placer certaines activités à « heure fixe », telles que la motricité ou le temps d'ateliers, afin de faciliter la prise de repères et l'anticipation.

2. Penser les activités proposées

La classe de toute petite section constitue pour l'enfant une entrée dans le monde scolaire et plus encore une entrée dans le monde de l'enfance. En effet, le tout-petit quitte son statut de « bébé », à ses yeux et surtout à ceux de ses parents. Ce changement de statut, l'enfant, l'élève de toute petite section, pourra le mesurer concrètement de par ses différents apprentissages : son gain d'autonomie (s'habiller et se déshabiller seul), ses progrès en langage (il se fera de mieux en mieux comprendre par tous, y compris par des adultes hors du cercle familial), le développement de ses compétences motrices que ce soit dans les déplacements ou dans des gestes plus scolaires tels que le découpage, le collage, les tracés, les dessins...

Afin de favoriser le développement du tout-petit, d'éveiller sa curiosité et son intérêt, il est important que l'enseignant lui propose des activités motivantes parfois libres, parfois avec différentes contraintes.

L'enseignant doit donc penser les différentes activités, être souple quant à leur réalisation en ayant cependant des exigences vis-à-vis à des tout-petits. Certes ils sont jeunes et encore malhabiles mais ce n'est pas pour autant qu'il ne faut pas être exigeant, c'est une question de mesure. Il est donc important de leur proposer différents types d'activités, plus ou moins de contraintes, en autonomie ou avec l'adulte, en groupe ou seul.

L'exigence que l'enseignant pourra avoir quant aux productions des tout-petits est nécessaire pour qu'ils se sentent reconnus en tant qu'individus, en tant qu'élèves et mesurent ainsi leurs progrès. L'enseignant devra ainsi attendre du tout-petit qu'il s'implique dans l'activité et donne le meilleur de lui-même en termes de soin et d'efforts. Ce n'est pas parce qu'ils sont petits que l'enseignant devra se contenter d'une activité réalisée à la va-vite, même si cette dernière est réussie. L'enseignant devra donc veiller à ce que chaque enfant progresse et c'est aussi dans le soin et dans la qualité de la production finale que se mesureront ses progrès.

Partie 1
Document 4

Emploi du temps de la semaine

Classe de :
Période :

	Lundi	Mardi	Mercredi	Jeudi	Vendredi
8h20-8h40	Temps d'accueil				
8h40-9h	Passage échelonné aux toilettes / Découverte des espaces jeux avec l'enseignante / Appel rituel (« présents/absents » en classe entière)				
9h-9h20	Alternance des différents types d'activités ✓ Agir et comprendre à travers l'activité physique				
9h20-9h35	Activité de langage à l'oral ou avec la tablette ✓ Mobiliser le langage dans toutes ses dimensions				
9h35-10h	Mise en place d'ateliers dans les différents domaines ✓ Mobiliser le langage dans toutes ses dimensions : l'écrit ✓ [illegible] ✓ Construire les premiers outils pour structurer sa pensée : Explorer des formes, des grandeurs ✓ Agir, s'exprimer, comprendre à travers l'activité artistique : les productions plastiques et visuelles				
10h-10h20	Récréation				
10h20-10h30	Déshabillage / Passage aux toilettes				
10h30-10h45	Ateliers ouverts ✓ [illegible] (principalement)				
10h45-11h	Lecture d'albums ✓ Mobiliser le langage dans toutes ses dimensions : l'écrit				
11h-11h15	Découverte des univers sonores / Écoute musicale ✓ Agir, s'exprimer, comprendre à travers l'activité ✓ Mobiliser le langage dans toutes ses dimensions : développer sa conscience phonologique				
11h15-11h30	Jeux de doigts / Bilan / Préparation à la sortie				
13h20-13h45	Accueil / Passage aux toilettes / Coucher			Accueil / Passage aux toilettes / Coucher	
13h45-15h15	Décloisonnement GS			Décloisonnement GS	
15h15-15h45	Récréation			Récréation	
15h45-16h15	Ateliers 2 en rotations			Ateliers 2 en rotations	
16h15-16h30	Comptines / Sortie			Comptines / Sortie	

Boite à idées

Quelques activités possibles

Afin de suivre au mieux le rythme de chaque enfant, il semble pertinent de proposer aux tout-petits différentes activités possibles en parallèle et non de fonctionner en ateliers tournants (4 groupes d'enfants passant par 4 ateliers sur 4 matinées). En effet, en toute petite section, les activités doivent s'enchainer relativement rapidement pour ne pas perdre l'attention des enfants. En annexes figure un exemple d'emploi du temps possible.

Lors du temps d'accueil qui comprend les rituels, l'enseignant peut proposer :

– des activités de manipulation : jeux de construction, découverte d'objets ;
– de retrouver sa photo parmi celles des élèves de la classe puis d'aller placer cette dernière sur le tableau ;
– de prendre place dans un espace et de jouer avec les enfants.

Vient ensuite le temps des activités motrices rattachées au domaine : « Agir et comprendre à travers l'activité physique ». Ces activités regroupent tout ce qui va permettre aux enfants de développer leurs capacités motrices mais aussi les premiers jeux collectifs :

– les parcours de motricité élaborés à l'aide de tapis, de gros modules, de cerceaux ;

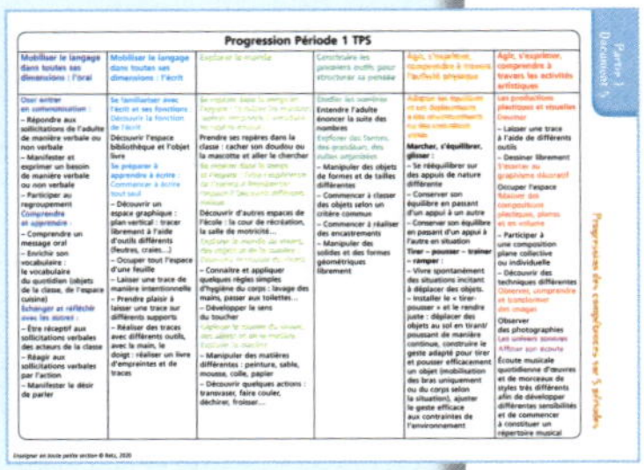
Progression Période 1 TPS

– la découverte du petit matériel et des actions possibles telles que lancer en l'air/à quelqu'un, faire rouler, passer, tourner… les ballons, les cerceaux, les planches à roulettes, les carapaces de tortue, etc.
– la mise en place des premiers collectifs/en équipe en fin d'année : les déménageurs (chaque équipe devant amener des objets d'un point à un autre), les premiers jeu de loup, etc.

Après ce temps de motricité, il est essentiel de faire revenir le groupe classe au calme, de recentrer l'attention des enfants avant de mettre en place des ateliers de graphisme, de manipulation… C'est la raison pour laquelle il est ici proposé de placer un temps de langage oral. Les activités, développées dans la dernière partie de l'ouvrage, pourront se dérouler selon différentes modalités, selon les besoins des enfants.

Vient alors le temps de ce que beaucoup appellent « ateliers ». L'enseignant pourra alors proposer des activités rattachées aux domaines :

– « Construire les premiers outils pour structurer sa pensée » : le travail sur les formes (reconnaitre un rond, un carré, savoir le nommer, associer des formes identiques), les volumes, la découverte de la notion de quantité (quelque chose/rien).
– « Agir s'exprimer comprendre à travers l'activité artistique » : cela implique la présentation d'œuvre d'art, la création de productions plastiques individuelles ou collectives.
– « Mobiliser le langage dans toutes ses dimensions » : l'enseignant pourra alors continuer le travail de la langue orale en tout petit groupe ou alors proposer des activités tournées vers la découverte de l'écrit (travail autour des traces, des empreintes, etc.).

L'enseignant pourra également mettre en place en fin de matinée un temps d'ateliers ouverts. Cela consiste à mettre à disposition des enfants un certain nombre d'activités et de les laisser aller où ils veulent et s'emparer du matériel à disposition comme ils le souhaitent tout en veillant à la sécurité de chacun.

➤ Document 4 – Emploi du temps de la semaine

➤ Document 5 – Progression des compétences sur 5 périodes

Les activités proposées dans la suite de cet ouvrage prennent appui sur l'organisation spatiale présentée précédemment (voir pp. 40 à 50).

II – Organiser les espaces de la classe de toute petite section

Les espaces créatifs et artistiques

Au sein des espaces créatifs et artistiques, les tout-petits vont pouvoir laisser libre cours à leur imagination. Il s'agit d'espaces au sein desquels l'enfant va s'exprimer sur des supports, avec des outils différents, découvrir des gestes graphiques, expérimenter plusieurs techniques. On peut ainsi mettre en place 3 espaces distincts :

- l'espace graphique ;
- l'espace créatif ;
- l'espace de modelage.

Ces espaces doivent être accessibles tous les jours et susciter l'intérêt des enfants. Il est donc important de penser les espaces artistiques comme des espaces ouverts de manière à ce que l'on puisse voir ce qui s'y passe et de les faire évoluer afin que les tout-petits y soient autonomes et s'y sentent libres. Ces espaces peuvent être proposés simultanément sur la matinée ou de façon alternée au cours de la période.

L'espace graphique

L'espace graphique est un espace dédié au graphisme et à la trace « écrite » au sein duquel les tout-petits vont pouvoir dessiner, tracer, explorer des gestes, découvrir des signes graphiques, etc. L'objectif de cet espace n'est pas qu'ils apprennent à tracer des traits verticaux, horizontaux ou obliques, des ronds ou encore des boucles et qu'ils sachent le faire parfaitement… mais qu'ils soient sensibilisés à l'ensemble de ces signes. Les activités et les modalités de travail proposées évolueront tout au long de l'année. Certaines se passeront de consigne, les élèves seront alors libres d'explorer les supports comme ils l'entendent, tandis que d'autres seront davantage encadrées et leur permettront de développer différentes compétences et habiletés graphiques.

Organisation de l'espace

Un élève suit les lignes avec un crayon, il découvre de nouveaux tracés.

Cet espace peut, et cela est souhaitable, être composé d'un tableau à craies à hauteur des élèves (il s'agit d'un tableau différent de celui que l'enseignant peut utiliser), de grands chevalets, de pistes graphiques, etc. Dans un premier temps, afin de faciliter les tracés, la gestion et l'organisation des supports, il est préférable de faire travailler les tout-petits sur des plans verticaux. Cependant, une table pourra, dans la seconde partie de l'année, prendre place au sein de cet espace afin que de nouvelles activités puissent être proposées sur un plan horizontal.

En termes d'affichages et d'illustrations, l'enseignant peut mettre à disposition des enfants des collections d'images, de photographies, de tracés présentant un caractère et un intérêt graphique et les changer à chaque période. Une période peut ainsi être consacrée aux lignes verticales, une autre aux lignes horizontales, une troisième aux ronds, aux spirales ou encore aux boucles.

Exemple d'affichages autour des ronds et des points.

Il peut également être intéressant de disposer dans cet espace quelques catalogues de papiers peints et autres revêtements (moquettes, pvc...). Les enfants pourront les feuilleter, observer, suivre les motifs avec leurs doigts.

L'ensemble des répertoires graphiques proposés pourra ainsi constituer une source d'inspiration pour les tout-petits qui baigneront dans un espace cohérent et riche.

Gestion de l'espace

L'enseignant devra prévoir un espace pouvant accueillir plusieurs enfants en même temps (jusque 6-8 enfants) car les tout-petits prendront vite gout à dessiner, à gribouiller, à tracer...

Il est important de mettre en place des règles très simples d'occupation et de gestion de cet espace afin que les jeunes élèves puissent y être autonomes et s'expriment le plus librement possible. Pour que ces règles puissent être appliquées, il faut qu'elles soient simples et peu nombreuses :

- laisser le matériel au bon endroit lorsque l'on a fini (les craies au tableau, les crayons, pastels devant les chevalets ou pistes graphiques) ;
- remettre les bouchons sur les feutres ;
- écrire ou dessiner sur le tableau, la feuille, l'affiche mais pas sur le mur.

Il est important de proposer des outils adaptés qui favorisent une prise d'autonomie. Ainsi, en début d'année, on évitera de leur donner des feutres, non parce que ce sont des outils complexes à utiliser mais parce qu'il est nécessaire de les refermer après leur utilisation. Cette tâche s'avère compliquée en début d'année car les enfants n'ont pas encore le réflexe de le faire, de plus certains bouchons sont difficiles à remettre.

L'espace graphique étant un espace où les élèves seront principalement en autonomie, il est préférable de leur mettre à disposition un matériel qu'ils sont capables de gérer seuls, les feutres leur seront proposés dans cet espace plus tard dans l'année.

Mises en œuvre possibles

Suivre une ligne et tracer librement sur du papier transparent.

On pourra varier les propositions offertes aux élèves tous les jours sans nécessairement les prévenir de ce qu'ils trouveront le lendemain, ni d'installer une régularité dans les différentes propositions en alternant différents supports.

Concernant le tableau à craies, il est possible de proposer aux tout-petits d'écrire à la craie sur le tableau noir ou de leur demander de dessiner avec leurs doigts sur le tableau préalablement recouvert de craie. L'effet n'est pas le même et la seconde situation va placer les enfants face à un problème auquel ils devront trouver une solution tout seuls : « Si j'écris avec une craie sur le tableau recouvert de craie, cela ne marche pas très bien car je ne vois pas ce que j'ai tracé. »

Tracer, dessiner sur une ardoise magique (crayon à l'eau).

L'enseignant devra également varier les supports sur les chevalets ou pistes graphiques en pensant à la texture du support ou à sa composition : il est ainsi possible de proposer aux tout-petits des supports lisses tels que les papiers glacés ou au grain très fin afin de faciliter des gestes amples qui occuperont l'ensemble de la feuille, puisque le feutre glissera dessus. Il est également intéressant de les confronter à des papiers épais, au grain fort, sur lesquels le crayon accrochera, ce qui permettra aux enfants de se concentrer sur la pression qu'ils exercent sur leur outil.

Outre l'épaisseur et le grain, l'enseignant pourra varier les types de papier : blanc ou coloré, kraft brun, cartonné, papier calque, de cuisson, transparent (papier pour couvrir les livres)… Le fait de varier les types de supports permettra aux élèves d'observer des rendus différents, d'observer des liens entre l'outil choisi et le support. Ainsi, un crayon ou un feutre jaune ne produisent pas le même effet sur un papier coloré surtout si ce dernier est blanc ou jaune.

L'enseignant devra également penser aux outils que les tout-petits utiliseront en fonction du support proposé : crayons de couleur, pastels, feutres, marqueurs… Sur le papier calque, le crayon de couleur ne se voit pas très bien car les jeunes enfants n'appuient pas encore assez, le pastel gras ou les feutres sont donc plus adaptés. Pour le papier transparent, les feutres ou les crayons de couleur ne donneront rien, l'enseignant devra donc prévoir soit des marqueurs pour tableau blanc soit des marqueurs à base de peinture pour obtenir un rendu plus esthétique.

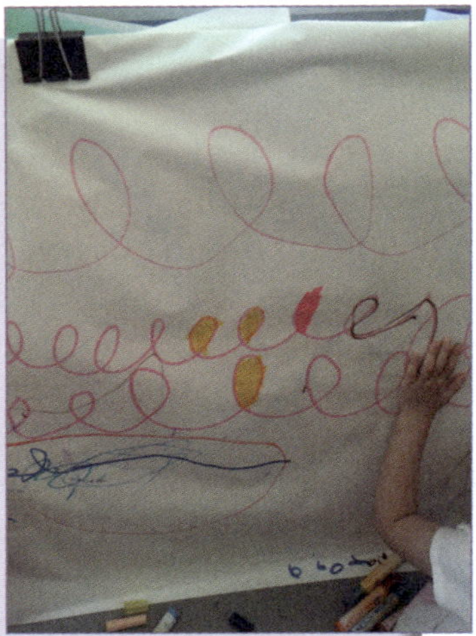

Les enfants ont tracé des boucles.

Boite à idées

Varier les propositions

Si l'enseignant peut varier les supports et les outils, il peut également faire le choix de mettre à disposition des élèves un support vierge ou enrichi d'une proposition :

- utiliser des formes en couleur, un mélange ou un choix de formes (ronds, ovales, carrés), multicolore ou monochromatique ;
- commencer un dessin, seuls les premiers traits seront donnés ;
- faire un dessin complet, un bonhomme, une maison ;
- dessiner des signes graphiques : des traits, des lignes, des points, des ronds, des boucles.

L'objectif de ces propositions n'est pas que les enfants reproduisent ou complètent ce qui a été commencé. Elles seront davantage là pour inspirer les tout-petits, les interroger et éveiller leur intérêt en leur montrant différentes possibilités d'actions sur le support. Elles constituent ainsi une incitation à l'exploration du support, à la créativité.

Quelques exemples de réalisations dans l'espace graphique

Une petite dessine sur la piste graphique.

Une élève trace des ronds à l'aide d'une forme sur le tableau à craies.

Piste graphique au sol.

Tracé libre sur un plan vertical.

Film 3 – L'espace graphique

L'espace créatif

Au sein de cet espace, les tout-petits vont pouvoir laisser libre cours à leur inventivité. L'enseignant proposera ici des activités de peinture, au sens large du terme (encre, peintures de tout type) mais aussi du collage, de l'assemblage… Cet espace pourra être le lieu d'activités menées en autonomie et/ou sous la conduite d'un adulte.

Organisation de l'espace

Il est souhaitable que l'espace puisse accueillir plusieurs activités : une sur plan vertical, au chevalet par exemple, et une autre sur table avec un adulte ou inversement.

Outre une organisation matérielle bien pensée, pour éviter différents accidents du type bouteilles de peinture renversées et autres, l'enseignant devra envisager cet espace comme un lieu d'inspiration. Il est donc important de placer aux murs des reproductions d'œuvres d'art planes (tableaux, photographies) mais aussi en volume, afin de sensibiliser les tout-petits aux différentes formes que peuvent prendre les productions artistiques plastiques.

L'enseignant peut également y placer un ou plusieurs livres d'art que les tout-petits pourront feuilleter, en attendant que le matériel soit prêt par exemple. Ces ensembles de reproductions constitueront ainsi un vivier d'inspiration qui éveillera la sensibilité artistique des enfants et leur permettra de se construire un premier répertoire artistique.

Gestion de l'espace

L'enseignant devra mettre en place des « règles d'utilisation » de l'espace, telles que :

- on met un tablier pour peindre ;
- on ne peint, ne dessine, ne colle que sur le support présenté ;
- lorsque l'on a fini, on pose l'outil utilisé au bon endroit, on va se laver les mains et on enlève son tablier.

L'ensemble de ces actions se fera avec l'aide, ou du moins sous le contrôle, de l'ATSEM.

L'enseignant devra faire évoluer cet espace quotidiennement en variant soit l'outil, le support ou le médium utilisé, le type de productions visé (plane ou en volume). Pour que les tout-petits ne soient pas trop perdus, il est important qu'une seule variable change.

Peinture en autonomie.

L'enseignant laissera agir les élèves sans consigne afin qu'ils se confrontent eux-mêmes au support, à l'outil et au médium mis à leur disposition et qu'ils laissent leur imagination s'exprimer. Cela leur permettra, entre autres, de chercher et de trouver différentes utilisations possibles d'un même outil et d'observer les effets produits.

Les supports proposés pourront être destinés à une création collective ou individuelle. Le passage régulier dans cet espace permettra progressivement à l'enfant de se construire un répertoire créatif. En fin d'année, il sera capable, toute proportion gardée, de choisir un support, un medium et un outil afin de réaliser une composition plastique.

La liste de supports, d'outils et de médiums possibles dépendra à la fois du matériel disponible au sein de la classe, des objectifs de l'enseignant, des besoins et des capacités des tout-petits. En effet, toutes les propositions ne sont pas nécessairement adaptées durant la première moitié de l'année, certaines nécessitent que les élèves soient en partie autonomes et/ou qu'ils aient des habitudes d'utilisation.

À chaque fois, les productions seront mises en valeur et présentées à l'ensemble de la classe, elles resteront affichées plus ou moins longtemps selon le travail en cours, le projet du moment ou encore leur rendu plastique.

Mises en œuvre possibles

Au sein de cet espace, les tout-petits vont être amenés à réaliser différentes œuvres, collectivement ou non, planes ou en volume et utiliser divers procédés et techniques, tels que la gouache, l'acrylique, l'encre à dessiner, le dessin, le collage, le découpage, l'assemblage… Afin de leur permettre de réaliser tout cela et de se confronter à différentes manières de créer, l'enseignant pourra varier les supports, les outils, les médiums mais aussi le type d'actions demandées, les caractéristiques de la production attendue (plane, en volume, éphémère ou non).

Concernant les **supports**, l'enseignant pourra proposer aux tout-petits différents types de papiers, du carton, du bois, des châssis, du plastique, des objets… en veillant bien entendu à ce qu'il y ait adéquation entre le support et le médium proposés, dans la mesure où certains ne sont pas compatibles. En effet, il ne s'agit pas de placer les tout-petits en situation d'échec mais de leur permettre au contraire d'être en réussite en explorant les possibilités offertes par la proposition.

L'enseignant pourra, et cela est souhaitable, varier **les médiums et les outils** qu'il met à disposition des tout-petits pour des activités de peinture, de dessin :

- différents types de peinture : gouache, acrylique, peinture à l'eau, nacrée ;
- différents types d'encre : à dessiner, de Chine, en gel ;
- des fusains, des craies, du sable coloré ;
- des pinceaux, des brosses, des bâtonnets ;
- divers objets : éponges, petites voitures, éléments de la classe ;
- des plumes, des branches, des feuilles d'arbre.

Cette liste n'a de limite que le matériel à disposition dans la classe, l'imagination et la créativité de l'enseignant selon les objectifs pédagogiques qu'il vise pour ces différents projets.

En ce qui concerne les activités de collage et d'assemblage, voici quelques exemples de **matériaux** :

- des papiers de types différents : à bulle, crépon, épais, colorés, translucides, métallisés ;
- du carton, des objets en polystyrène, en plastique, en métal ;
- des morceaux de tissus, de plastique.

Là encore, il y a une infinité de possibilités. L'enseignant devra cependant veiller à ce que tout ce qu'il propose aux tout-petits puisse être utilisé par eux. Dans le cas d'activités de collage, il est possible d'utiliser des pastilles de colle, ce qui permet aux tout-petits de coller et d'assembler seuls. De plus, ce type de colle ne nécessite pas de temps de séchage, ainsi ce que les tout-petits assembleront tiendra en place directement sans risque de taches ou de mains collantes.

Au sein de cet espace, les élèves pourront réaliser des œuvres très différentes les unes des autres et ainsi explorer une multitudes d'actions telles que :

- dessiner, peindre, recouvrir ;
- griffer, tracer ;
- emmêler, assembler, coller ;
- déchirer, plier, froisser, tordre.

Dans le cas d'œuvres éphémères, l'enseignant pourra les photographier afin de garder une trace du travail effectué.

Les tout-petits seront donc confrontés à des œuvres très différentes les unes des autres, des techniques, des supports et des outils multiples. Ils pourront ainsi laisser libre court à leur imagination.

Il est souhaitable que l'adulte intervienne de temps en temps durant les temps d'activités libres afin d'initier un geste, d'encourager et de soutenir les efforts et l'inventivité des tout-petits. Cet espace pourra accueillir des activités dirigées, menées sous la conduite de l'enseignant. D'une manière générale, les propositions en termes de supports, d'outils et de médiums doivent être pensées par l'enseignant selon les objectifs pédagogiques qu'il vise. En effet, l'enseignant donnera ou non une consigne précise et fera le choix de mettre ou non un matériel prédéfini à disposition des tout-petits :

- différents outils tels que des pinceaux, des brosses, des tampons ;
- une ou plusieurs couleurs ;
- une ou plusieurs feuilles.

L'étayage de l'enseignant ou de l'ATSEM sera parfois indispensable pour accompagner et encourager certains enfants qui pourront se sentir en difficulté face à l'absence de consigne, l'utilisation de la peinture, etc. L'adulte devra donc encourager l'élève en le rassurant : « Je sais que tu n'aimes pas te salir les mains. Tu vois j'ai mis une bassine d'eau, un gant et une serviette. Dès que tu auras fini, tu pourras te laver les mains et elles seront toutes propres ! », « Aujourd'hui, j'ai mis de nouveaux objets pour que tu puisses peindre, tu essayes avec celui-là ? », « Oh, regarde la trace que tu as laissée !... ».

Au besoin, l'enseignant, même dans le cas d'une activité pensée comme une exploration libre et sans consigne, peut être le premier à se confronter aux outils et au support afin de faciliter l'entrée des tout-petits dans l'activité. Il s'effacera par la suite, pour les laisser expérimenter et développer leur créativité.

Les productions effectuées dans cet espace pourront être affichées dans la classe ou à l'extérieur afin que les familles puissent voir les activités réalisées en classe. Il est donc important que l'enseignant inscrive le nom et/ou mette la photographie des enfants ayant participé. Cet affichage participera également à la construction de l'estime de soi du tout-petit qui pourra montrer à ses parents ce qu'il a réalisé.

Boite à idées

L'espace créatif hors de la classe

Afin de proposer aux tout-petits d'explorer de très grands formats, l'enseignant pourra envisager de déplacer l'espace créatif, le temps d'une ou de plusieurs séances, dans un couloir ou la salle de motricité. Il pourra ainsi dérouler de très grandes feuilles pour recouvrir l'ensemble ou une partie seulement de la surface au sol. Les tout-petits évolueront et se déplaceront sur les feuilles et auront ainsi un point de vue différent sur leur création. Cette expérience des très grands formats plait beaucoup aux tout-petits.

Peinture en autonomie au sol sur de très grandes feuilles de papier.

Film 4 – L'espace créatif

Quelques exemples de réalisations dans l'espace créatif

1. Les réalisations planes

« Remplir des cercles à l'aide de tampons », activité dirigée.

« Explorer librement et collectivement », travail réalisé au doigt en autonomie.

« Peindre avec des plumes », œuvre collective réalisée en autonomie.

« Frotter un mouchoir trempé dans de la poudre de pastel sec sur un pochoir », production collective.

2. Les réalisations en volume

Assembler sur une sphère en papier des boules de polystyrène peintes.

Lanières de plastiques fermées à l'aide d'une pastille de colle.

L'espace de modelage

Au sein de l'espace de modelage, les tout-petits vont apprendre à mettre en forme la matière, à créer en volume. Ils sont à un âge où ils aiment particulièrement jouer et agir sur la matière, ce qui, d'une part, les détend et, d'autre part, leur donne un sentiment de contrôle. C'est pour ces raisons que l'espace de modelage est très important dans une classe de toute petite section.

Les différentes activités possibles amèneront les tout-petits à développer des habiletés motrices, perceptives et cognitives, leur créativité et leur imagination.

Les différents types de pâte à modeler vont constituer un très bon outil pour aborder de nombreux apprentissages en lien avec les domaines préconisés dans les programmes, en voici quelques exemples :

- entrer dans le dessin, dans l'écriture (au sens large du mot car en manipulant la pâte à modeler, les tout-petits développent leur agilité, la précision du mouvement, se musclent les doigts et la main, ce qui leur permettra d'être plus habiles dans la tenue d'un outil scripteur quel qu'il soit) ;
- appréhender la forme des signes graphiques, découvrir la notion de trace et par extension de l'écrit ;
- aborder les couleurs, la notion de taille, de forme, les volumes (sphère et cylindre notamment), le dénombrement.

La pâte à modeler constitue un outil attractif pour le tout-petit qui de par l'intérêt qu'il a pour le matériau acceptera plus facilement de s'engager dans une tache « dissimulée » telle que distinguer les éléments petits des gros, les rouges des bleus, etc.

Cet espace sera à la fois un endroit de création autonome, d'expression artistique mais également un espace d'apprentissage où se dérouleront différents ateliers dirigés.

Organisation de l'espace

L'espace de modelage peut ne comporter aucune table dans un premier temps, une toile cirée sera alors mise à disposition des tout-petits pour qu'ils puissent utiliser la pâte à modeler à même le sol. La table viendra plus tard, en période 2 par exemple, lorsque les élèves auront commencé à prendre des repères dans la classe. Cet espace est essentiel pour les enfants qui vont y développer de nombreuses compétences, il doit donc être attractif et accessible en permanence.

Afin d'enrichir les propositions des tout-petits, il est important, comme pour les autres espaces, de les mettre en présence d'œuvres d'art telles que des sculptures, des moulages... Ces reproductions, qu'elles soient affichées ou présentées dans un livre, permettront de sensibiliser les élèves à une forme d'art différente : la création en volume qu'elle soit figurative ou non.

Gestion de l'espace

Assez rapidement, l'enseignant devra expliquer aux tout-petits que la pâte à modeler, bien qu'elle soit attrayante, ne se mange pas. Afin de responsabiliser les élèves et de les faire participer au rangement de la classe en fin d'activité, l'enseignant pourra demander aux tout-petits de ramasser la pâte à modeler tombée par terre, de ranger le matériel utilisé.

En ce qui concerne la gestion du matériel, l'enseignant devra laisser à disposition des tout-petits tout ce dont ils peuvent avoir besoin pour modeler, découper, façonner. Dans le cadre d'activités dirigées, il veillera à ne laisser que ce qui est nécessaire, à enlever de l'espace ce qui pourrait constituer une tentation et/ou une distraction afin de recentrer l'attention des tout-petits sur la tâche demandée.

Si les enfants doivent avoir accès à tout le matériel nécessaire, il est cependant important de ne pas mélanger les matériaux (argile, pâte à modeler et autres) mais de les alterner afin de n'en avoir qu'un à la fois. Cela évitera les disputes et amènera les tout-petits à utiliser l'ensemble des matériaux disponibles dans la mesure où ils n'auront pas le choix. En revanche, il est possible de leur mettre à disposition, lors des temps d'activités autonomes, un large éventails d'outils afin qu'il puissent en essayer plusieurs et changer en cours d'activité.

Afin que les tout-petits soient autonomes, il est important qu'ils sachent qu'ils peuvent se servir de tout ce qui est présent : si je vois un objet accessible dans l'espace, je sais que je peux le prendre et m'en servir. En effet, si l'enseignant laisse à porter de main des éléments que les élèves ne doivent pas utiliser ce jour-là, ils seront dans l'incertitude et devront en permanence demander ce qu'ils peuvent utiliser.

Mises en œuvre possibles

L'enseignant proposera aux tout-petits, selon la période et l'objectif visé, d'utiliser de la pâte à modeler (d'une seule couleur dans un premier temps afin d'éviter d'éventuelles disputes, des mélanges), de l'argile, de la pâte qui durcit, de la pâte à sel, ainsi que différents outils.

Il est important de donner aux tout-petits de multiples outils y compris des objets qui à priori ne sont pas destinés à être utilisés avec de la pâte à modeler tels que des fourchettes, des petites passoires, des capuchons de feutres, etc. Ces outils permettront à la fois aux tout-petits d'expérimenter, d'observer et de comparer des effets, de développer leur imagination afin de s'en servir au mieux. Il est également possible de ne donner aux élèves que le matériau, pâte à modeler ou argile, sans accessoire afin de les inciter à le travailler avec leurs mains.

Un tout-petit crée en volume avec de la pâte à modeler et différents outils.

Si l'enseignant laisse les tout-petits agir librement, il pourra, lors d'activités dirigées, travailler avec eux des actions différentes :

- toucher et manipuler la matière pour la ressentir, prendre conscience de sa texture ;
- laisser des empreintes, tracer, écrire, griffer (à l'aide d'une fourchette) ;
- faire des trous, creuser ;
- aplatir avec la main ou un rouleau, étaler ou lisser la matière avec les doigts ;
- couper avec des ciseaux, des roulettes, découper des formes à l'aide d'emporte-pièces ;
- rouler de l'avant vers l'arrière, en tournant ;
- réaliser des volumes : boules, colombins ;
- réaliser une composition, fabriquer un personnage, un animal, un gâteau.

L'ensemble de ces actions permettra aux tout-petits d'être de plus en plus précis dans leurs mouvements, d'accroitre leur perception du monde qui les entoure en attirant leur attention sur les reliefs, les volumes, les assemblages.

Au sein de cet espace, l'enseignant pourra également travailler sur le caractère éphémère ou non des productions réalisées par les tout-petits. En effet, lorsqu'il proposera aux élèves de travailler avec de la pâte qui durcit, les tout-petits pourront conserver ce qu'ils ont produit, l'observer, le toucher, le déplacer et l'exposer. En revanche, lorsqu'ils manipuleront de la pâte à modeler, ils apprendront à se séparer de leur production une fois l'activité terminée en rangeant le matériel.

Boite à idées

Garder une trace pour prendre confiance

Comment garder une trace de ce que les tout-petits produisent dans cet espace ?

Il est possible de garder une trace d'une production éphémère soit en la photographiant, soit en posant le travail sur une feuille transparente que l'on photocopiera, avant de ranger la pâte à modeler.

La photocopie de la production pourra ensuite faire l'objet d'une mise en couleur.

Garder une trace de certains travaux est important pour les tout-petits, cela leur permet de mesurer leurs progrès, de prendre confiance de ce qui est valorisant pour eux. Les productions de chaque enfant pourront être rassemblées sous la forme d'un livre en agrafant les feuilles entre elles. Le tout-petit pourra ensuite feuilleter l'ensemble de son travail et apprécier ses progrès. Le livret pourra également être remis aux parents.

Quelques exemples de réalisations dans l'espace de modelage

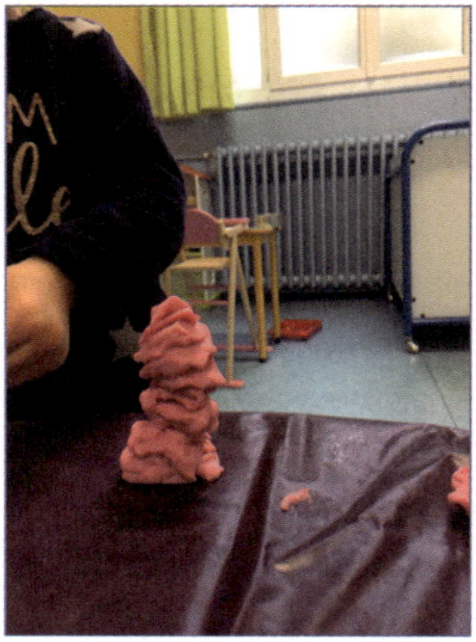

Aplatir des boules et les empiler ensuite.

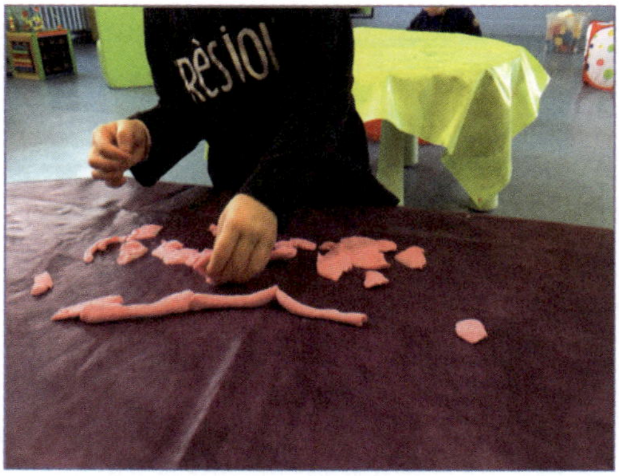

Réaliser des colombins et les aligner.

Film 5 – L'espace de modelage

Les espaces sensoriels et de découvertes

Les espaces sensoriels et de découvertes auront comme objectifs de surprendre les tout-petits, d'éveiller leur curiosité et de les amener à développer différentes compétences notamment en termes d'observation et de manipulation. Ils sont ici organisés en trois catégories :

– les espaces d'observation ;
– les espaces de manipulation ;
– les espaces techniques.

Ces espaces vont être introduits progressivement au sein de la classe car plusieurs d'entre eux demanderont aux tout-petits une certaine autonomie et le respect de plusieurs règles d'utilisation. L'enseignant pourra choisir de mettre en place des espaces appartenant à l'une ou l'autre des trois catégories et d'établir un roulement sur une période ou l'ensemble de l'année. Il pourra également présenter des espaces de chaque catégorie en parallèle ; cela dépendra à la fois des projets qu'il mettra en place au sein de sa classe, de l'intérêt que pourront avoir ses élèves pour telle ou telle tâche, mais aussi de leur rythme et de leurs besoins.

Il est important de rappeler ici encore que les propositions offertes aux enfants doivent être en accord avec leurs besoins et leurs capacités afin de susciter chez eux un réel intérêt.

Les espaces sensoriels, outre le développement et l'éveil des sens des tout-petits, d'où leur nom, vont leur permettre de développer la motricité fine, de susciter des interrogations auxquelles il faudra trouver des réponses d'ordre moteur et cognitif. D'une manière générale, ces différents espaces, par les situations proposées, vont permettre aux élèves de développer leur langage.

Certes les activités proposées au sein de ces espaces n'auront pas comme objectif principal de développer le langage mais elles y contribueront fortement. En effet, les enfants seront amenés à interagir entre eux, avec un adulte, pour manifester leur plaisir, faire part de leurs découvertes et de leurs observations, obtenir des réponses et/ou des explications à leurs questions. Ces espaces vont donc permettre aux tout-petits de développer une communication par l'action qui aura des effets sur leurs progrès langagiers. Ces effets se ressentiront notamment lors des temps dédiés à cet apprentissage.

Les espaces d'observation

Les espaces d'observation vont jouer sur la perception visuelle des tout-petits en leur donnant des choses à voir, à observer sous un angle différent. Ces espaces auront également des vertus apaisantes auprès des enfants. En effet, par le côté fascinant voire « hypnotique » de certains objets tels que les sabliers ou les bouteilles sensorielles, des tensions, un sentiment d'angoisse et /ou de colère pourront être apaisés.

Il est important que l'enseignant laisse les tout-petits partir seuls à la découverte de chaque espace.

Organisation des espaces

Les espaces d'observation doivent être pensés de manière à ce que les tout-petits puissent y mener des activités en autonomie. Ils doivent donc être identifiables à la fois en termes de contenu et de délimitations. En effet, au sein de ces espaces, les élèves vont être amenés à sortir du matériel, à le manipuler mais aussi à ranger les différents éléments et doivent donc être en mesure de savoir où vont les choses, à quels espaces elles appartiennent.

Le matériel mis à disposition des tout-petits doit à la fois garantir leur sécurité, présenter un intérêt visuel et être accessible. En effet, l'ensemble des objets et des matières présents dans cet espace doit pouvoir être sorti librement par les enfants, cela signifie que tout doit être à leur portée et donc sans danger (rien de fragile, de coupant). L'enseignant devra prendre en compte ces éléments dans la conception des différents espaces.

Gestion des espaces

Il est souhaitable que les tout-petits explorent seuls l'espace au moins une fois. Dans ce cas, l'enseignant veillera à ne proposer qu'un minimum de matériel afin d'éviter d'éventuels débordements dus en partie à l'excitation et à l'effervescence que peut engendrer la nouveauté.

Lorsqu'une première rencontre entre l'espace en question et les enfants aura eu lieu, l'enseignant pourra mettre en place une activité dirigée au cours de laquelle il attirera l'intérêt des élèves sur certains aspects liés à la manipulation au sein de l'espace et à ce que l'on peut observer ; il posera avec eux quelques règles d'utilisation. Les tout-petits pourront par la suite évoluer de manière autonome dans chaque espace.

Mises en œuvre possibles

Voici quelques propositions d'espaces sensoriels d'observation.

1. La table lumineuse (voir aussi page suivante)

Fabriquer une table lumineuse est peu couteux et simple ; il faut :

- une caisse en bois ;
- du papier aluminium pour recouvrir le fond de la caisse ;
- une guirlande lumineuse d'extérieur à leds blanches ;
- une plaque de plexiglas opaque qui servira de couvercle ;
- de la colle forte pour assembler la caisse et le couvercle.

Cette table dédiée à l'observation permet aux tout-petits de jouer avec la lumière, la transparence et de s'initier au mélange de couleurs autrement qu'avec de la peinture. Cette table éveillera la curiosité des enfants et leur montrera les objets sous un angle nouveau en les amenant à distinguer ceux qui sont opaques et ceux au travers desquels la lumière passe.

Ces jeux de lumière accentuent les couleurs, le scintillement et amuseront les tout-petits qui ne se lasseront pas de superposer des objets translucides pour voir ce que l'on obtient.

L'enseignant mettra, par exemple, à disposition des tout-petits de la vaisselle translucide, des objets opaques, des morceaux de papiers transparents ou non, colorés ou non, des objets brillants...

Lorsque l'enseignant mettra en place cet espace pour la première fois, il s'arrangera pour que la table soit allumée lorsque les tout-petits la découvriront.

Le premier jour, il n'est pas nécessaire d'amener du matériel, la table en elle-même constituera une véritable découverte. Les enfants pourront poser leurs mains dessus, observer leurs silhouettes et les ombres projetées. Dans l'idéal, la découverte de la table lumineuse doit se faire dans une pièce sombre afin de maximiser ses effets. Par la suite, lorsque les tout-petits manipuleront du matériel, cela pourra se faire directement dans la classe, l'obscurité n'est pas nécessaire.

Progressivement l'enseignant apportera du matériel aux caractéristiques différentes : il commencera par exemple par de la vaisselle ou des boites translucides, puis des objets brillants, des miroirs... les tout-petits prendront beaucoup de plaisir à observer les mélanges de couleurs et les jeux de lumière.

Blocs de construction translucides.

Les possibilités offertes par la table lumineuse sont multiples, l'enseignant pourra mettre à disposition des élèves de nombreux objets et matériaux qui sous cet éclairage particulier révèleront différentes propriétés.

Il est également possible, même très intéressant, de faire réaliser sur la table des tracés dans le sable. Pour cela, l'enseignant devra se munir d'un plateau translucide, si possible transparent qu'il remplira de sable et posera sur la table. Avec leurs doigts, les enfants pourront dégager le sable et faire ressortir la lumière. Ils pourront tracer des motifs lumineux dans le sable. Le résultat les fascinera et constituera une expérience sensorielle riche mêlant toucher et vue.

Boite à idées

La table lumineuse, approcher la notion de « vide »

La table lumineuse pourra également permettre aux tout-petits de prendre conscience de ce qu'est un « espace vide », autrement dit un trou. En effet, l'enseignant pourra poser sur la table lumineuse une feuille de couleur foncée (noir ou bleu) perforée. La lumière ne passera qu'au travers des trous, cette expérience visuelle sera étonnante pour les tout-petits. Il pourra également varier la dimension des trous et proposer aux tout-petits des caches pour les recouvrir.

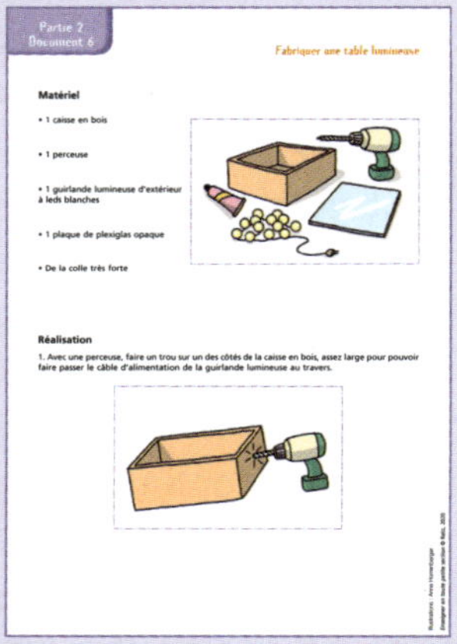
Partie 2
Document 6

Fabriquer une table lumineuse

Matériel

- 1 caisse en bois
- 1 perceuse
- 1 guirlande lumineuse d'extérieur à leds blanches
- 1 plaque de plexiglas opaque
- De la colle très forte

Réalisation

1. Avec une perceuse, faire un trou sur un des côtés de la caisse en bois, assez large pour pouvoir faire passer le câble d'alimentation de la guirlande lumineuse au travers.

➤ Document 6 – Fabriquer une table lumineuse

Petite collecte d'automne.

Tracés réalisés dans un plateau de sable posé sur la table.

2. Les sabliers et les bouteilles sensorielles

Les sabliers et les bouteilles sensorielles sont des objets qui intriguent beaucoup les tout-petits et suscitent un certain nombre de questions. Observer des sabliers et les retourner sera pour les tout-petits l'occasion d'aborder les notions de vitesse et de durée, d'établir des comparaisons. Autant de situations qui amèneront les tout-petits à s'interroger sur ce qu'ils voient et ce qu'ils en comprennent.

Il existe des sabliers de tailles différentes, avec du sable, du liquide.. les modes d'écoulement peuvent également être variés. Il est donc intéressant de présenter plusieurs modèles de sabliers afin que les tout-petits puissent les observer et chercher ce qui les différencie.

Si les sabliers peuvent servir de prétexte à certains apprentissages, ils ont également un effet apaisant sur les tout-petits, comme les bouteilles sensorielles.

Les bouteilles sensorielles sont de petites bouteilles d'eau transparentes dans lesquelles l'enseignant peut placer des pompons, des perles, des paillettes, des rubans, des jetons aimantés, des grelots, de l'eau colorée ou non, du gel, ou bien les éléments solides seuls.

Les tout-petits vont secouer les bouteilles et constater ce qui se passe :

- les liquides se mélangent ;
- les objets tombent au fond de la bouteille et remontent lentement ;
- les objets flottent et ne coulent jamais ;
- les objets tourbillonnent ;
- quand on secoue la bouteille, on entend du bruit.

Le contenu des bouteilles peut être thématique ou non, en lien avec le projet de la classe ou une activité précise. Plus encore que les sabliers, ces bouteilles, fascinent les tout-petits, éveillent leur curiosité et développent l'observation.

Bouteilles sensorielles contenant des paillettes et de l'eau colorée, des plumes, etc.

Différents types de sabliers.

Boite à idées

Les bouteilles sensorielles, une aide pour ramener calme et sérénité

Le contenu des bouteilles et ses effets sont si attractifs qu'ils canalisent l'attention du tout-petit et peuvent ainsi l'aider à se calmer, à oublier sa colère et/ou son angoisse.

Les bouteilles sensorielles contenant de l'eau et de fines paillettes jouent particulièrement bien ce rôle car lorsque l'on secoue la bouteille, les paillettes tourbillonnent encore et encore et ne tombent que très lentement avec beaucoup de douceur au fond du récipient. Le tout-petit focalise son attention sur les paillettes et petit à petit laisse sa colère de côté pour retrouver sa sérénité.

Il peut également être intéressant que l'enseignant fabrique une grande bouteille sensorielle qu'il pourra utiliser pour ramener le calme lors des temps de regroupement.

L'espace des sabliers et des bouteilles sensorielles, outre le développement de l'observation, présente des vertus relaxantes très utiles dans une classe de toute petite section et peut même être utilisé avant la sieste afin d'accompagner l'endormissement de certains enfants.

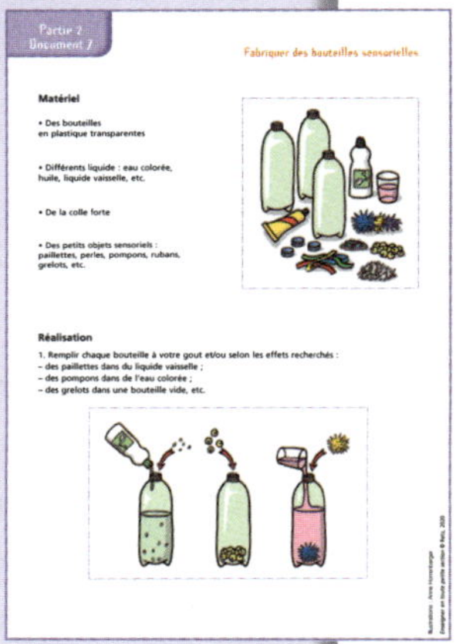
Partie 2
Document 7

Fabriquer des bouteilles sensorielles

Matériel

- Des bouteilles en plastique transparentes
- Différents liquide : eau colorée, huile, liquide vaisselle, etc.
- De la colle forte
- Des petits objets sensoriels : paillettes, perles, pompons, rubans, grelots, etc.

Réalisation

1. Remplir chaque bouteille à votre gout et/ou selon les effets recherchés :
– des paillettes dans du liquide vaisselle ;
– des pompons dans de l'eau colorée ;
– des grelots dans une bouteille vide, etc.

Document 7 – Fabriquer des bouteilles sensorielles

3. Les boites de collections

Il s'agit de boites dans lesquelles l'enseignant regroupera des objets ayant une caractéristique commune : couleur, forme, nature. Ces collections peuvent faire l'objet d'une activité réalisée avec les tout-petits qui partiront ainsi à la chasse au trésor au sein de la classe.

Ces boites seront en quelque sorte, des imagiers grandeur nature qui permettront aux enfants de se saisir des objets pour les observer sous tous les angles et les comparer en les plaçant les uns à côté des autres.

Le fait que les tout-petits puissent avoir accès aux objets réels leur permettra de prendre conscience, d'une part, que rouge est une couleur qui permet de décrire une coccinelle, une rose, une assiette de l'espace cuisine, une robe… et d'autre part, qu'il existe des nuances car les objets dans « la boite rouge » ne seront pas tous du même rouge.

Il en est de même pour une boite qui contient des feuilles d'arbres :

- ce sont TOUTES des feuilles ;
- les couleurs sont différentes, certaines sont vert clair, d'autres vert foncé, jaunes ou orange ;
- les formes sont différentes, plus ou moins dentelées, découpées, pointues ;
- mais surtout, et cela les imagiers n'en rendent pas toujours compte, elles ont des dimensions différentes. Certaines sont grandes et larges, d'autres grandes et fines, petites et larges.

Ces boites de collections permettront donc aux tout-petits d'appréhender un ensemble d'objets ayant une ou plusieurs caractéristiques communes mais également de nombreuses particularités. Ces boites les aideront à aiguiser leur regard sur le monde et les objets qui les entourent.

Boite à idées

Créer un cabinet de curiosité

L'enseignant pourra avec les tout-petits créer une sorte de cabinet de curiosité au sein de la classe avec l'ensemble des boites de collections. Pour chaque boite, les tout-petits choisiront un élément de la collection qui la représente au mieux et qui sera exposé. Les boites seront également à la disposition des enfants si ces derniers souhaitent redécouvrir une des collections.

Boites de collections : objets partageant une caractéristique de couleur.

Objets ramassés en forêt.

Film 6 – L'espace d'observation

Les espaces de manipulation

Les espaces de manipulation sont des espaces dans lesquels les tout-petits vont être amenés à prendre en main différentes matières et matériaux. Ces espaces leurs permettront de développer différentes actions, habiletés et compétences motrices. Les activités dirigées que l'enseignant pourra mettre en place amèneront les jeunes élèves à développer leur précision mais aussi à mettre des mots sur ce qu'ils font.

Parmi les espaces de manipulation possibles figurent les espaces « classiques » sable et eau, mais il est possible de mettre en place des espaces plus originaux tels que l'espace mousse (réalisée à partir de savon et/ou de produit vaisselle), l'espace bouchons, etc.

Organisation des espaces

L'enseignant, selon la place disponible au sein de sa classe, de son projet, de ses objectifs pédagogiques, pourra faire le choix de faire fonctionner ses différents espaces en parallèle ou bien d'établir des rotations sur une période ou sur l'année.

Afin qu'ils soient identifiables par les tout-petits, il est souhaitable, s'ils fonctionnent ensemble, qu'ils ne soient pas trop près les uns des autres. Mettre en place au moins deux espaces de ce type permet d'éviter certains débordements que pourrait engendrer l'envie de participer à ces activités.

L'enseignant devra penser le contenu et les modalités de travail et d'action au sein de ces espaces de manière à amener les enfants à développer certaines compétences (transvaser, déplacer des objets, des liquides, acquérir des habiletés motrices). Certes, d'un point de vue extérieur, ces espaces pourraient être considérés comme des espaces de jeu, ce qu'ils pourront d'ailleurs être à des moments précis en cours d'année. Cependant, il est important de garder à l'esprit qu'ils seront avant tout des espaces de travail pour les tout-petits.

Gestion des espaces

Les activités proposées dans ces espaces seront, dans un premier temps, menées sous la conduite d'un adulte, enseignant ou ATSEM, afin de veiller à ce que tout se passe dans les meilleures conditions.

Les espaces « sable et bouchons » pourront être proposés dès le début de l'année ; en revanche, pour mettre en place les espaces « eau et mousse », il est préférable d'attendre la période 2, voire 3. Concernant ces deux espaces, l'enseignant devra attendre que les règles de vie en collectivité et de respect des autres soient acquises avant de laisser les tout-petits manipuler seuls de l'eau.

Ces espaces nécessitent que les tout-petits aient déjà acquis différentes compétences motrices et soient assez habiles afin d'éviter que le contenu des bacs ne se retrouve en grande partie par terre. En revanche, lorsque les règles d'utilisation seront mises en place et acquises par les tout-petits, il sera possible de proposer les espaces « eau et mousse » dans la classe en mettant un tablier imperméable aux élèves et en posant des grandes serpillères au sol, sous les bacs, pour les éventuels accidents. Il n'y aura à priori aucun problème.

Pour l'espace mousse, l'enseignant devra prévoir une bassine d'eau et une serviette afin que les tout-petits puissent se laver les mains dès qu'ils auront terminé.

Mises en œuvre possibles

Plusieurs types d'espaces de manipulation sont possibles, en voici quelques exemples :

1. L'espace eau

L'espace eau peut être organisé autour d'un grand bac à eau collectif ou bien être composé de plusieurs petits bacs individuels. Afin de développer la coopération entre les tout-petits, il est préférable dans un premier temps de choisir un grand bac collectif, mais ce choix dépend également de ce que l'enseignant souhaite travailler avec ses élèves.

Autour d'un bac collectif, l'enseignant pourra mettre en place différentes activités de manipulation autour des liquides telles que :

- pousser l'eau avec ses mains pour sentir l'effet produit ;
- verser et/ou transvaser l'eau à l'aide de différents récipients (seringues, pots, seaux, cuillères, louches) ;
- utiliser des entonnoirs, des tamis, des pots percés, pour regarder l'eau couler et établir des comparaisons du type « l'eau coule plus vite quand j'utilise... ».

Bacs de pêche : attraper des boutons...

Le bac à eau est un espace apprécié des tout-petits qui aiment sentir l'eau couler entre leurs doigts, regarder un moulin qui tourne quand on verse de l'eau au-dessus, etc.

...des joyaux, des perles.

Cet espace permettra à l'enseignant d'amener les tout-petits à :

- gagner en précision dans leurs gestes, en leur proposant des situations de plus en plus fines ;
- observer des phénomènes : certains objets coulent, d'autres flottent ; certains laissent passer l'eau d'autre non.

Il est également possible de proposer aux enfants de travailler autour de petits bacs individuels, chaque bac proposera une activité différente avec une consigne bien définie :

- attraper des objets qui coulent à l'aide d'une pince ou d'une cuillère ;
- attraper des objets qui flottent à l'aide d'une épuisette ;
- déplacer l'eau d'un bol à un autre avec une éponge, une seringue, une pipette et en mettant le moins d'eau possible à côté.

L'enseignant pourra imaginer autant de situations qu'il le souhaite pour atteindre les objectifs pédagogiques qu'il aura fixés, répondre aux besoins des tout-petits et stimuler leur développement.

Boite à idées

Bac sur le thème de la mer.

Des bacs à eau thématiques

Il est également possible de concevoir des bacs à eau thématiques, individuels, qui amèneront le tout-petit à se détendre, à se calmer. Dans ce cas, l'enseignant pourra imaginer :

- un bac aquarium : mettre du sable coloré au fond du bac, déposer quelques poissons et autres animaux aquatiques en plastique et remplir le bac d'eau ;
- un bac étang : déposer du sable coloré vert au fond du bac, ajouter des perles d'eau de couleur verte, placer des grenouilles et des nénufars en plastique puis remplir d'eau ;
- un bac bord de plage : d'un côté du bac placer du sable puis ajouter un peu d'eau teintée de bleu, mettre deux trois personnages, un bateau.

Ces bacs permettront à la fois de sensibiliser les tout-petits à un environnement particulier, de jouer et de se détendre d'une manière autre que dans les espaces de jeux traditionnels.

2. L'espace mousse

Plateau contenant de la mousse à raser.

Cet espace constitue un des espaces préférés des tout-petits. La mousse est une matière étonnante à la fois douce, colorée, qui fait des petits bruits, que l'on peut déplacer, transvaser, attraper, à la fois solide et liquide.

La mousse peut être placée soit dans un grand bac collectif, soit dans des petits bacs individuels. Des bacs remplis de mousse colorée constituent une activité sensorielle très riche pour les tout-petits qui prendront plaisir à plonger les mains dedans, la toucher, la sentir.

Bac contenant de la mousse réalisée à partir de savon liquide coloré.

Cependant, afin de faire évoluer l'espace, il est possible de cacher des objets dans le bac :

- des formes géométriques colorées : des triangles, des ronds, des carrés, mélangés ou non ;
- des personnages ou des animaux ;
- des trésors : cristaux, pierres précieuses en plastique.

Les tout-petits devront ainsi partir à la recherche des objets à l'aide d'épuisettes, de cuillères ou simplement de leurs mains.

L'enseignant peut envisager de proposer deux types de mousse :

- de la mousse obtenue de manière classique : remplir un bac d'eau, ajouter une quantité suffisante de bain moussant puis émulsionner le savon afin de le faire mousser ;
- de la mousse plus compacte qui tiendra plus longtemps : dans un saladier, verser du produit vaisselle en grande quantité, ajouter un peu d'eau (quelques cuillères à soupe), et monter la mousse à l'aide d'un batteur électrique.

Pour obtenir de la mousse colorée, il est souhaitable de privilégier l'encre à dessiner qui, mélangée au produit vaisselle, ne tachera pas les mains, contrairement au colorant alimentaire.

Les différentes activités que l'enseignant pourra proposer dans cet espace attireront beaucoup les tout-petits et éveilleront leur curiosité. Les bacs à mousse permettront de développer leurs sens, associant vue, toucher, ouïe et odorat.

3. L'espace sable

Comme les espaces précédents, l'espace sable peut être organisé autour d'un grand bac collectif ou de plusieurs bacs individuels. En début d'année, il est préférable de proposer le bac collectif afin d'amener les tout-petits à prendre conscience des autres, de les aider à développer des liens avec leurs camarades et de les familiariser avec les règles de vie en collectivité. Selon les choix d'organisation de l'espace, l'enseignant pourra proposer des activités différentes.

Autour d'un bac à sable collectif, l'enseignant pourra dans un premier temps proposer aux tout-petits de manipuler le sable seuls afin qu'ils le découvrent, expérimentent différentes actions, le sentent couler et filer entre leurs doigts.

Dans un second temps, le bac à sable pourra faire l'objet de multiples activités qui permettront aux tout-petits d'élargir leur palette d'actions sur la matière. Ils pourront ainsi :

- pousser du sable avec la main, un objet ;
- tasser du sable ;
- déplacer du sable à l'aide de pelles, de cuillères et d'autres récipients ;
- transvaser du sable d'un récipient à l'autre ;
- faire couler du sable au travers d'un tamis, entrainer un moulin.

L'enseignant pourra également mettre à disposition des enfants des bacs à sable individuels dans lesquels ils pourront :

- dessiner, tracer des ronds, des traits, etc., avec le doigt ou un outil (bâtonnet, râteau) ;
- réaliser des moulages, construire un château.

Sable cinétique.

Boite à idées

Varier les types de sable

Il est possible de proposer aux tout-petits des sables aux caractéristiques différentes :

- **du sable fin** que l'on trouve habituellement dans les classes : ce sable permet de travailler différentes actions telles que faire tourner un moulin, faire passer du sable au travers d'un tamis ;
- **du sable cinétique** qui est un sable surprenant. Il a l'apparence du sable mouillé mais ne colle pas aux doigts, ne sèche pas et aussi être modelé, découpé… Ce sable aux propriétés étonnantes peut être tassé si on le serre dans la main, puis la matière se détend et coule entre les doigts lorsque l'enfant ouvre la main ;

– **du « sable de lune »** qui est un sable très doux au toucher avec une consistance compacte. Ce sable est peu couteux si on le fait soi-même, il suffit de mélanger 8 volumes de farine, 1 volume de fécule de maïs et 1 volume d'huile. Il est possible de lui donner de la couleur soit en mélangeant du colorant en poudre à la farine soit du colorant liquide à l'huile.

Sable de lune.

Ces types de sable permettront aux tout-petits d'expérimenter une large palette d'actions, de ressentir des matières différentes.

4. L'espace bouchons

Cet espace de manipulation permettra aux tout-petits de prendre en mains une grande quantité de bouchons. Ils pourront les attraper, les transporter, les faire tomber, les entendre…

L'enseignant pourra délimiter la structure de l'espace avec plusieurs cartons qu'il associera pour créer des plans inclinés, des passages d'un côté à l'autre. Il est possible de percer certains cartons afin que les tout-petits puissent y placer des bouchons et/ou de cacher des éléments qui accentueront ou atténueront les sons produits par la chute des bouchons.

La découverte de cet espace constitue un évènement en soi pour les enfants qui apprendront progressivement à laisser les bouchons au sein de l'espace. Par la suite, il est possible de mettre en place des activités qui amèneront les tout-petits à trouver des solutions pour transporter les bouchons par exemple.

Cet espace sera vite adopté et apprécié par les tout-petits qui prendront beaucoup de plaisir à regarder les bouchons tomber et à les entendre s'entrechoquer.

5. L'espace graines et pâtes

Cet espace que l'on peut souvent trouver en classe de moyens ou de grands peut également être mis en place en toute petite section si l'on prépare les tout-petits à celui-ci.

En raison des dangers d'ingestion qu'il peut représenter, cet espace devra être mis en place au cours de la période 3 ou 4 sous la surveillance d'un adulte. À ce moment-là, les tout-petits auront appris à respecter les règles, à écouter les conseils et recommandations de l'enseignant et de l'ATSEM, ils commenceront à pouvoir se concentrer sur une même tâche un certain temps. Ils sauront également travailler assis.

Dans un premier temps, la présence d'un adulte est indispensable afin de veiller à la sécurité des tout-petits. D'une manière générale, même lorsque les tout-petits agiront seuls, il est important qu'un adulte porte une attention particulière à ce qui peut s'y passer.

Les enfants remplissent le bac à glaçons de pâtes à l'aide d'une cuillère.

L'enseignant mettra à disposition des élèves des pâtes, des haricots secs, de la semoule, du riz... des récipients de tailles et de formes différentes, des cuillères plus ou moins larges et profondes.

Les objectifs d'un tel espace seront d'amener les tout-petits à :

- prendre confiance dans leurs gestes en gagnant en assurance et en précision ;
- développer la coordination œil/main ;
- découvrir des nouveaux sons et sensations.

L'enseignant pourra ainsi mettre en place différentes propositions pour accompagner les tout-petits dans leurs pratiques.

➤ Film 7 – Les espaces de manipulation

L'espace technique

L'espace technique permettra aux tout-petits de découvrir différents objets présentant des caractéristiques intéressantes d'un point de vue pédagogique. Cet espace sera un lieu d'observation, d'échanges et de questionnement. Proposer un tel espace dès la toute petite section permettra à l'enseignant d'éveiller la curiosité de ses élèves sur les objets et leur fonctionnement dès leur entrée à l'école. Cette sensibilisation au questionnement technique pourra constituer un appui solide, lors des années suivantes, si les futurs enseignants de ces élèves continuent cette démarche. En effet, habitués à regarder et à s'interroger, les élèves seront à même d'aller plus loin dans leurs découvertes.

En toute petite section, l'enfant est curieux de tout, aime regarder, manipuler, etc., cet espace centré sur les objets lui permettra de porter un regard différent sur les éléments de son environnement.

Organisation de l'espace

L'espace technique est ouvert et permet aux tout-petits d'évoluer de manière autonome. Le matériel présent au sein de cet espace doit être accessible et sans danger.

Cet espace peut être aménagé de différente manière, les objets présentés peuvent :

- partager une caractéristique commune ;
- être tous identiques et permettre à plusieurs élèves de manipuler en même temps ;
- être très différents les uns des autres.

Les tout-petits doivent pouvoir être à l'aise pour manipuler et observer ces objets, il est donc souhaitable de prévoir une table.

Cet espace n'est pas indispensable en toute petite section, il peut donc prendre place dans la classe de manière intermittente, le temps d'apporter des éléments de réponse, une illustration, un complément au projet en cours dans la classe.

Gestion de l'espace

Comme pour l'ensemble des espaces, l'espace technique devra permettre aux tout-petits d'être autonomes et nécessitera l'application de quelques règles d'utilisation. Cet espace peut être pertinent à partir de la période 3, une fois que les tout-petits auront commencé à être élèves, lorsqu'ils auront des repères et des habitudes de classe suffisants.

Mises en œuvre possibles

Voici quelques propositions d'objets à présenter dans cet espace.

1. Les pinces

Les pinces sont des objets particulièrement intéressants pour plusieurs raisons. En effet, si leur fonction est d'attraper un élément, leur utilisation peut différer d'un type de pince à un autre : une pince à glaçons est différente d'une pince à sucre ou à cornichons. Certaines pinces demanderont de la force, d'autre de la précision et de la minutie. Mettre à disposition des

Un petit place les pinces à linge tout autour de l'assiette.

tout-petits un éventail de pinces leur permettra de faire travailler les muscles de leurs mains, leur précision et de développer leur préhension qui, par extension, les préparera par exemple à la tenue du crayon lorsqu'ils apprendront à écrire.

Les pompons sont des objets qui s'accordent bien avec les pinces en toute petite section. En effet, il en existe de taille et de couleur différentes, ce qui permettra d'augmenter la difficulté de la tâche. Les pompons sont des objets souples qui s'attrapent facilement notamment les plus gros.

2. Les aimants

Le pouvoir d'attraction des aimants fascine les tout-petits, qui ne se lasseront pas d'essayer d'attraper des objets. L'enseignant peut prévoir des aimants de tailles différentes plus ou moins forts.

Il est possible, et cela plait beaucoup aux tout-petits, de cacher de petits aimants dans un plateau de sable et de leur demander de partir à la chasse au trésor, armés d'un aimant un peu plus gros. L'enseignant peut également ajouter des objets qui ne seront pas attirés par l'aimant afin de pimenter l'activité. Celle-ci leur permettra au préalable de découvrir ce qu'est un aimant dans ses grandes lignes et de développer leur motricité fine.

Un élève cherche à attraper les aimants.

3. Les essoreuses à salade

Les essoreuses à salade sont des objets du quotidien que les tout-petits pourront peut-être connaitre pour en avoir vu chez eux. Cependant, ces objets seront intéressants en classe, lorsque la question des cercles et des

Découverte des essoreuses à salade.

ronds sera abordée. En effet, le fait de faire fonctionner l'essoreuse à salade permettra aux enfants de s'exercer au geste rotatif, préparatoire à différents tracés. Si, dans un premier temps, l'enseignant peut laisser les tout-petits tourner dans le sens qu'ils veulent, il pourra par la suite indiquer un sens de rotation à l'aide de gommettes, d'une flèche, afin d'induire dès ce moment le sens conventionnel du tracé.

Film 8 – Les espaces techniques

Boite à idées

L'outil numérique : découvrir la tablette tactile

La tablette tactile peut être utilisée de diverses manières avec des tout-petits. Cet objet, outre les activités à visées pédagogiques que l'on peut mettre en place, présente un intérêt dans son fonctionnement : allumer, éteindre, déplacer une icône, faire glisser le doigt ou au contraire exercer une pression, etc. Les caractéristiques de la tablette peuvent ainsi constituer de véritables découvertes pour des enfants de moins de 3 ans, l'enseignant peut donc envisager de présenter cet objet dans l'espace technique.

Cependant, elle pourra également être présentée dans d'autres espaces et faire l'objet d'utilisations différentes. En voici 3 exemples :

- Dans l'espace manipulation, la tablette peut accompagner les enfants dans la découverte des encastrements et des puzzles. En effet, ces activités peuvent s'avérer particulièrement complexes pour un tout-petit : il doit enlever toutes les pièces, les poser à côté sans les faire tomber d'un mouvement un peu brusque, et quand arrive le moment de les replacer, cela se complique. Selon la manière dont la pièce a été déposée, l'enfant doit la tourner pour la faire correspondre à son emplacement. La tablette va ainsi permettre de réaliser un encastrement en limitant le nombre d'actions : les pièces ne peuvent pas tomber, et il n'y a pas besoin de les retourner. La tâche se résume donc à associer la pièce à son empreinte.
- Dans l'espace graphique, l'écran de la tablette peut permettre à l'enseignant de proposer un support nouveau dont les caractéristiques sont bien différentes de celles des supports habituels. Il s'agit d'un support actif où l'on peut notamment effacer ou revenir en arrière.
- Dans l'espace repos, l'enseignant peut proposer des applications relaxantes pour apaiser un enfant ou faire écouter des sons, de la musique à l'ensemble du groupe.

Les espaces de jeux

Jouer en toute petite section est essentiel et constitue un véritable apprentissage. À son arrivée à l'école, le tout-petit joue dans son coin, il a un sens aigu de la propriété et ne sait pas encore jouer avec les autres, cela est tout à fait normal ! « Jouer à plusieurs » s'apprend et deviendra petit à petit une attitude naturelle pour lui.

Par le jeu, les enfants vont développer leur imagination, leur personnalité et leur identité. Ils vont également s'ouvrir aux autres, prendre leur place au sein du groupe classe, échanger, communiquer les uns avec les autres tout en développant leur prise d'initiatives.

En fréquentant de manière régulière les espaces de jeux de la classe, les tout-petits vont acquérir des habitudes et des compétences qui participeront à la construction de leur statut d'élève.

Jouer en maternelle, et particulièrement en toute petite section, constitue un véritable enjeu pédagogique. L'aménagement des espaces de jeux et leur contenu seront pensés par l'enseignant comme des espaces d'apprentissages à part entière. Le matériel à disposition suscitera des apprentissages en lien avec les différents domaines :

- jouer avec les autres amène le tout-petit à partager des cubes, des assiettes… entre tous les participants. C'est aussi classer des jouets selon leurs tailles. Ces quelques exemples peuvent être mis en lien avec certains concepts mathématiques ;
- jouer, c'est aussi mettre en place des stratégies logiques pour résoudre des problèmes et donc développer sa pensée logique ;
- jouer avec les autres, c'est créer des liens sociaux et développer des habiletés sociales et affectives.

L'espace des jeux de construction

L'espace des jeux de construction est important en maternelle, particulièrement chez les tout-petits. Cet espace doit comporter plusieurs types de jeux, ce qui permettra aux enfants de manipuler des pièces de tailles, de couleurs, de matières différentes.

Une enfant construit un château à l'aide de briques…

Quel plaisir pour un tout-petit d'empiler des cubes jusqu'à ce que sa tour s'écroule ! Au sein de cet espace, les élèves vont pouvoir solliciter différentes habiletés et compétences acquises lors d'activités réalisées dans les autres espaces de la classe.

Les objectifs visés par un tel espace concernent à la fois le développement de l'imagination et de la créativité mais aussi celui des compétences motrices. En effet, selon le matériel mis à disposition, les tout-petits vont pouvoir :

- empiler, emboiter, entasser, clipser ;
- visser et dévisser, faire tourner ;
- construire, assembler, démolir, aligner.

Afin de les exercer à tout cela, l'enseignant veillera à varier les formes, les couleurs, les matières des éléments des jeux qu'il placera dans cet espace. En effet, selon leurs caractéristiques, les différentes pièces ne permettront pas les mêmes actions, ne « réagiront » pas de la même manière. De plus, certains jeux présentent des systèmes d'accroche particuliers (aimants, petits crochets) qui demanderont aux tout-petits de faire preuve d'inventivité lorsqu'ils les découvriront.

L'enseignant peut ainsi disposer dans l'espace des jeux de construction :

- des cubes, de tailles identiques ou non, en plastique, en bois, creux (pour être emboités) ou pleins ;
- des mélanges de formes géométriques, en bois ou non, évidées ou pleines, translucides ou opaques ;
- des blocs et/ou des briques de construction en tous genres.

…et une tour en empilant des gobelets.

En début d'année, il est préférable de ne mettre que du matériel basique, comme des cubes, à disposition des enfants. L'enseignant enrichira cet espace au fil de la période, puis de l'année.

Dans un premier temps, les tout-petits découvriront seuls l'espace afin de tester par eux-mêmes le potentiel du matériel disponible. Dans un second temps, l'enseignant élaborera des situations qui seront menées sous sa conduite ou celle de l'ATSEM (préparer à manger pour la mascotte, habiller un bébé pour sortir) et permettront aux tout-petits de découvrir de nouveaux jeux, de nouvelles actions, d'aller plus loin dans leur créativité.

En fin d'année, les élèves devront être capables d'être parfaitement autonomes au sein de cet espace. Ils connaitront l'ensemble du matériel et auront exploré suffisamment de possibilités de jeux de constructions qu'ils seront à même de réinvestir seuls.

Quelques exemples de constructions :

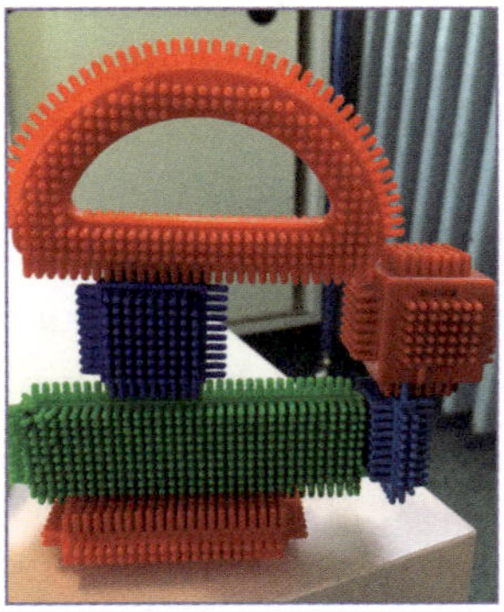

Une maison en Clipo.

Une maison en blocs translucides.

Film 9 – L'espace des jeux de construction

Les espaces dédiés à l'imitation

Les espaces d'imitation constituent un enjeu d'apprentissages à part entière. En effet, lorsqu'ils arrivent en début d'année, les tout-petits sont autocentrés et ne savent pas encore « jouer à faire semblant ». Ils découvrent cette modalité de jeu au cours de l'année au travers de ces divers espaces.

Parmi les espaces classiques d'imitation figurent la cuisine et les poupées, mais il est évident que l'enseignant peut développer autant d'espaces de jeux d'imitation qu'il le souhaite (le cabinet du docteur ou du vétérinaire, la marchande, etc.).

La cuisine et les poupées permettent aux tout-petits d'apprendre à jouer avec les autres « à faire semblant ». Ces espaces sont également une occasion d'aborder :

- le vocabulaire du quotidien ;
- des situations familières telles que le bain, l'habillement, les repas ;

- des compétences liées à d'autres domaines d'apprentissages tels que la distribution, le partage ;
- le développement de leur pensée logique.

Ces espaces de jeux d'imitation sont extrêmement riches tant sur le plan social et affectif que cognitif.

L'enseignant devra penser le contenu de ces espaces et les faire évoluer tout au long de l'année afin de susciter l'intérêt des tout-petits et de les accompagner dans leur développement. En début d'année, les enfants n'auront à leur disposition que peu de matériel afin qu'ils se familiarisent avec et prennent des repères.

Ces espaces pourront au besoin, sur une période par exemple, être réunis afin de ne former qu'un seul espace. Ce choix peut s'avérer nécessaire si l'enseignant souhaite installer un espace différent et que l'espace de la classe ne permet pas une autre solution. Il est ainsi possible de mettre en place un espace « maison » qui regroupera les poupées et la cuisine, un espace « santé » qui regroupera les objets du docteur et du vétérinaire, etc.

L'enseignant pourra laisser les tout-petits découvrir ces espaces seuls ou les accompagner en leur proposant des activités dirigées (mettre la table pour la mascotte, faire de la soupe, habiller un bébé pour jouer dans la neige, donner le bain au bébé et le coucher) qui les aideront à développer différentes compétences, à mieux appréhender le matériel.

L'espace poupées

En début d'année, il est souhaitable de privilégier des poupons au corps souple et de petite taille. Les bébés seront ainsi adaptés aux tout-petits qui pourront les prendre en main correctement. L'espace comportera quelques poupons, un ou deux lits et des poussettes pour les promener dans la classe.

Par la suite, le contenu de cet espace pourra être enrichi de multiples façons. Il est par exemple possible de le faire évoluer selon des thématiques précises, l'espace comprendra alors pour :

- *le coucher* : des lits, des pyjamas, des doudous, voire des tétines de poupées ;
- *le repas* : une ou plusieurs chaises hautes, des biberons, des bavoirs, des éléments de dinette adéquats (petits pots, petites cuillères) ;
- *le bain et la toilette* : des flacons vides de produits de toilette, des gants, des serviettes, une petite baignoire, une table à langer, des couches, des sous-vêtements adaptés aux poupées ;
- *l'habillement* : une petite armoire, une petite commode, des sous-vêtements et des vêtements de tous types comme des jupes, des pantalons,

des robes, des teeshirts, des pyjamas, des chaussettes, des chaussures, des manteaux, des chapeaux... ainsi que différents accessoires.

Ces aménagements thématiques pourront également être l'objet de certaines séances de langage, cet aspect sera développé dans la partie de l'ouvrage consacrée au langage.

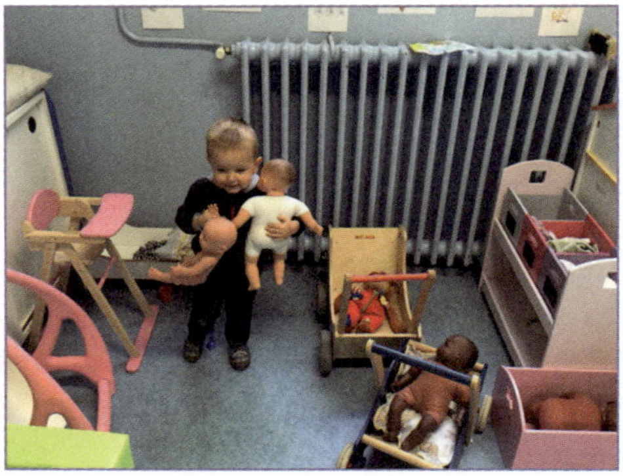

Un tout-petit joue avec les poupons.

L'espace cuisine

Comme l'espace poupées, la cuisine ne comporte en début d'année que peu d'éléments : de quoi mettre la table pour deux personnes, une ou deux casseroles, une poêle. Le contenu de cet espace se diversifiera au fur et à mesure. L'enseignant peut apporter dans cet espace des éléments liés aux saisons en variant ainsi les fruits et les légumes. Il peut également penser l'évolution de cet espace selon des thématiques et proposer :

- *mettre la table :* une nappe, des serviettes, des sets de table sur lesquels peuvent figurer la silhouette des objets à placer, différents types de couverts, d'assiettes, de verres ;
- *la pâtisserie* : des recettes simples et illustrées à afficher, des saladiers, des cuillères et des spatules, un fouet, différents moules à gâteaux, des boites vides de farine, sucre, œufs, levure ;
- *les fruits :* le matériel de base pour manger (quelques assiettes et couverts) et des fruits variés, des « gâteaux aux fruits » en plastique, en bois, en feutrine, des briques vides de jus de fruits ;
- *les légumes :* le matériel de base pour manger, le matériel pour faire de la soupe (marmite, louche) et différents légumes ;
- *le petit déjeuner* : des bols, des tasses, des assiettes, des verres, des cuillères, du pain et des viennoiseries en plastique, des pots de confiture, des boites de céréales...

Ce type d'organisation permet aux tout-petits de faire des liens entre les éléments, de faire des associations entre ces objets et leurs usages. Les différentes situations possibles amènent les tout-petits à échanger, à entrer en interaction et les guident dans l'imitation. Cet espace, comme celui des poupées, pourra faire l'objet de plusieurs séances de langage.

➤ Film 10 – Les espaces d'imitation

Les espaces d'action et de repos

Ces espaces vont accompagner le développement du tout-petit en mettant à sa disposition le matériel nécessaire pour qu'il puisse bouger et élargir ses actions motrices mais également lui permettre de se reposer afin de retrouver la sérénité et le calme nécessaires aux différents apprentissages. Ces espaces sont certes en opposition mais sont avant tout complémentaires et indispensables en toute petite section, principalement durant la première moitié de l'année.

L'espace moteur

Cet espace est particulièrement important en début d'année pour répondre aux besoins de bouger, de pousser, de déambuler des tout-petits. Il peut prendre différentes formes selon la place disponible dans la classe, l'importance que l'enseignant souhaite lui accorder par rapport aux autres espaces, ses objectifs pédagogiques et le matériel disponible à cet effet.

Au sein de cet espace, on peut trouver des trotteurs, des charriots, des vélos, des modules de motricité en mousse, une petite cabane. Cet espace permet aux enfants de développer différentes compétences motrices, de prendre conscience de leur corps et des possibilités de celui-ci, de développer la coopération, etc.

Organisation de l'espace

L'espace moteur est un espace dont le contenu et l'organisation vont considérablement changer au cours des différentes périodes pour suivre au mieux le rythme de développement des tout-petits et continuer à répondre à leurs besoins.

Quel que soit le matériel mis à disposition des élèves, l'enseignant devra veiller à ce que les tout-petits soient toujours en sécurité. Ainsi, il est possible de placer un tapis contre un radiateur, lorsque celui-ci ne fonctionne pas, afin que les enfants ne se cognent pas. Il faut éviter dans la mesure du possible d'être à proximité lorsqu'il fonctionne.

L'organisation de l'espace moteur prend en compte :

- l'espace disponible ;
- la sécurité des tout-petits ;
- leurs besoins et leur rythme de développement.

Des porteurs et des charriots peuvent être des objets pertinents en début d'année, mais plus tard, en période 3 par exemple, ces objets roulants ne seront plus appropriés. À ce moment de l'année, l'espace de la classe est davantage structuré, des tables sont désormais présentes, les enfants ont grandi et ne sont donc plus très à l'aise dessus. Leur intérêt se sera également porté sur d'autres activités.

Si cet espace peut être très attractif en début d'année et extrêmement ludique, il doit permettre aux tout-petits de grandir, d'évoluer, de s'intéresser aux contenus des autres espaces, et les accompagner dans leur développement et dans leur devenir d'élève.

Gestion de l'espace

Au sein de cet espace, la sécurité sera essentielle. L'enseignant devra donc très rapidement veiller à ce que les tout-petits ne se poussent pas, ne chahutent pas. La gestion de cet espace sera l'occasion pour l'enseignant de poser avec les tout-petits les premières règles de vie collective telles que :

- ne pas courir ;
- ne pas pousser les autres enfants ;
- respecter le sens d'utilisation (montée et descente dans le cas d'un toboggan) ;
- etc.

Mises en œuvre possibles

Au cours de la période 1, l'espace moteur peut, outre des objets roulants, contenir un petit toboggan, une petite cabane en tissu, un tunnel, un tapis de motricité. L'aspect extrêmement ludique de l'espace pourra permettre aux tout-petits de laisser de côté l'angoisse de la séparation en détournant leur attention. Dans ce cas, l'espace moteur sera un véritable tremplin dans l'entrée à l'école de l'enfant. Le contenu pourra par la suite évoluer et placer les élèves en situation d'apprentissage.

Les jeunes enfants aiment se cacher dans la cabane.

Lorsque les tout-petits auront commencé à se familiariser avec la vie de classe, qu'ils seront plus à l'aise, l'enseignant pourra disposer au sein de cet espace différents modules de motricité en mousse afin qu'ils développent et approfondissent certaines de leurs compétences motrices dont la marche, la gestion de l'équilibre, la perception de leur corps. Si la place et le matériel le permettent, l'enseignant peut installer une sorte de parcours de motricité miniature, sans module de saut ou toute autre action non adaptée au sein de la classe afin de garantir la sécurité des tout-petits.

La petite cabane et le tunnel sont deux éléments prisés des tout-petits qui aiment se cacher, s'aventurer, car passer dans le tunnel représente pour certains une véritable aventure !

Plus tard, au cours de la période 3 par exemple, l'enseignant pourra faire de cet espace un lieu de rencontre entre les objectifs pédagogiques qu'il poursuit ailleurs dans la classe et le matériel de motricité : dans le cadre d'un projet autour du cercle, des ronds, des sphères, les porteurs et autres tapis peuvent par exemple céder leur place à des anneaux, des balles et ballons de tailles différentes. Ces objets présents dans la classe et donc à portée de mains des tout-petits pourront faire l'objet d'une observation et d'une manipulation différentes de ce que l'enseignant pourra faire avec ses élèves en salle de motricité. En effet dans ce type de projet, si le matériel n'est pas dans le champ visuel de l'enfant, celui-ci ne fera pas forcément le lien, cela nécessiterait de se représenter mentalement la salle de motricité et les ballons. L'intérêt de faire entrer l'ensemble de ces objets en classe est justement de permettre aux tout-petits de faire un lien direct entre l'ensemble des activités que l'enseignant proposera autour de « la forme ronde » et ces objets. Les élèves manipuleront les balles, les anneaux en même temps qu'ils en parleront, ils pourront aller les chercher lorsque ces objets seront évoqués. Il y aura alors une véritable continuité entre le travail effectué en classe et celui que l'enseignant pourra réaliser en salle de motricité lorsque les tout-petits découvriront les passes, les lancers.

L'aménagement et le contenu de l'espace moteur peuvent constituer une véritable entrée dans le projet élaboré par l'enseignant.

Film 11 – L'espace moteur

Les espaces de repos

Si les tout-petits ont besoin de bouger et de se déplacer, ils ont également besoin d'espaces au sein desquels ils vont pouvoir se reposer et se détendre. Des espaces apaisants sont donc indispensables dans une classe de toute petite section.

En début d'année, la charge émotionnelle que représente une matinée de classe est extrêmement importante et fatigante pour les enfants qui vont donc avoir, au cours de la matinée, envie de se reposer un peu, de s'isoler.

Il peut y avoir différents espaces de repos : un espace de repli, la bibliothèque, une petite cabane... chacun remplissant des fonctions différentes. Certains seront des lieux de relaxation pour se calmer et se détendre en cas de colère et/ou d'angoisse, d'autres permettront aux tout-petits de se reposer, de se ressourcer ou encore d'entrer dans des apprentissages d'une manière différente des ateliers traditionnels : l'atelier se déroule dans un « cocon », les enfants sont assis sur des coussins et manipulent alors les choses différemment.

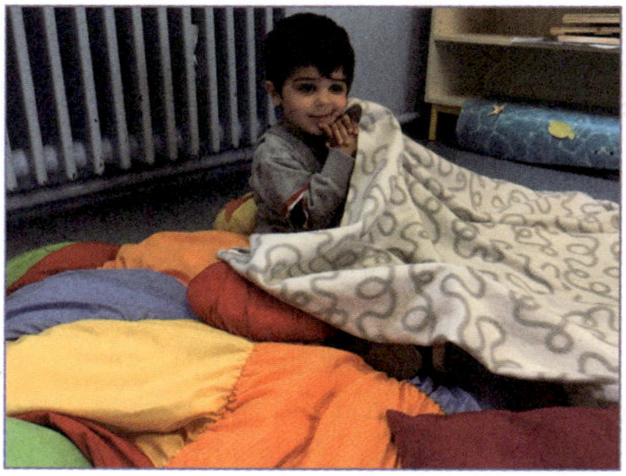

Un petit va se reposer après une bonne matinée.

L'espace de repli

L'espace de repli devra être accueillant, sécurisant et permettre aux tout-petits de s'isoler et de se reposer. Cet espace vient en réponse directe à un des besoins de base des jeunes enfants, celui du repos. Au cours de la matinée, le jeune élève dépense beaucoup d'énergie tant sur le plan physique qu'émotionnel, ce qui pour lui est extrêmement éprouvant. Il aura donc besoin d'un endroit confortable où s'installer pour récupérer son énergie. L'enseignant doit aussi envisager cet espace comme un lieu de transition que le tout-petit pourra fréquenter pour passer d'un état de fatigue et/ou d'angoisse à un état de sérénité.

L'enfant a également besoin de temps durant lesquels il ne fait rien de particulier, il repense à ce qu'il a fait ou pense à ce qu'il fera. C'est en partie durant de tels moments que le tout-petit se construit et apprend.

L'espace de repli peut prendre différentes configurations mais doit pouvoir être facilement repéré par les tout-petits et comporter le matériel nécessaire pour qu'ils puissent s'y reposer. L'enseignant peut mettre à disposition des enfants des coussins et couvertures qu'il pourra aménager autour d'une petite cabane, dans un coin de la classe. L'essentiel est qu'au sein de cet espace, les enfants se sentent bien, en sécurité et puissent se ressourcer. Ils pourront s'y allonger ou simplement rester assis et se détendre.

L'enseignant pourra également mettre en place des activités au sein de cet espace qui auront comme objectifs d'apaiser les tensions, de permettre à la classe de retrouver un climat agréable ou encore de recentrer l'attention des tout-petits entre deux temps d'activités plus intenses :

- des temps d'écoute musicale : les morceaux ne seront pas nécessairement écoutés en entier mais juste le temps de sensibiliser les tout-petits à l'écoute ;
- des petits exercices de relaxation adaptés à l'âge et aux capacités des élèves qui leur permettront de se concentrer sur leur respiration et de prendre conscience de leur corps.

L'espace bibliothèque

L'espace bibliothèque fait partie des espaces possibles de repos : regarder des livres est une activité qui apaise certains enfants puisqu'elle demande du calme. Il s'agit en même temps d'un espace qui permet aux tout-petits une première de découverte de l'écrit.

En début d'année, l'enseignant ne met à disposition des jeunes élèves que quelques livres résistants (livres en carton épais ou en tissu). Regarder et manipuler un livre avec soin, cela s'apprend !

Lorsque les tout-petits se seront familiarisés avec les quelques livres présents, l'enseignant pourra proposer différentes activités pour leur apprendre à les manipuler. Il pourra également prendre le temps de s'asseoir avec les enfants dans cet espace pour feuilleter les livres avec eux en dehors des activités dirigées, sur le temps d'accueil par exemple.

Fréquenter l'espace bibliothèque permettra aux tout-petits de :

- prendre le temps de se calmer, de se poser ;
- développer l'observation et le gout des livres ;
- développer une posture nouvelle, celle de futur lecteur ;
- apprendre à manipuler un livre avec soin (le tenir à l'endroit, tourner les pages l'une après l'autre) ;
- prélever des indices qui leur permettront de reconnaitre un livre d'après sa première de couverture ;
- se familiariser avec ce qu'est une histoire, un personnage ;
- ressentir des émotions ;
- se constituer un premier répertoire littéraire.

Les élèves se lisent des histoires.

Prendre le temps de regarder un livre et ce qui le compose : des mots, des images, les pages… amènera les tout-petits à découvrir le monde de l'écrit en éveillant ainsi leur curiosité pour ce qu'ils auront sous les yeux.

L'enseignant veillera à renouveler et à enrichir le contenu de la bibliothèque régulièrement en apportant des ouvrages différents : documentaires, albums, imagiers, livres à toucher, etc. Il pourra également varier la taille des supports, ce qui permettra aux enfants de prendre progressivement conscience qu'il n'existe non pas un type de livres mais plusieurs. L'enseignant veillera cependant à ce que certains livres restent constamment dans la bibliothèque afin que les tout-petits gardent des repères. De plus, quelques élèves développeront à l'égard de certains livres un lien affectif particulier. En effet, ils prendront systématiquement « leur livre » pour l'avoir avec eux, avant d'en consulter d'autres. Ce comportement tient à la fois au besoin de repères et de routine chez le tout-petit mais également à sa construction identitaire et à son besoin de propriété.

Boite à idées

Un théâtre de marionnettes

Afin d'apporter de la nouveauté dans l'espace de repos et de permettre aux enfants d'aller plus loin dans l'exploitation des différents ouvrages présents, l'enseignant pourra, lorsque certains albums seront bien connus des enfants, mettre à leur disposition un petit théâtre et des marionnettes afin qu'ils puissent rejouer l'histoire à leur manière. Ils pourront ainsi développer, s'approprier l'histoire, renforcer les liens qui les unissent et développer leur langage sur le plan structurel mais aussi en termes de communication avec autrui. En effet, raconter une histoire peut se faire à plusieurs, chacun ayant son point de vue. L'enseignant pourra ainsi se faire une idée de ce que les élèves auront retenu et compris de l'album, noter les progrès langagiers de chacun et assister parfois à de véritables surprises. En effet, certains enfants timides en groupe face à l'adulte peuvent se révéler dans ce type d'espace par le biais de la marionnette.

Film 12 – Les espaces de repos

III - Le langage en toute petite section

L'importance du langage en toute petite section

Le langage occupe une place centrale dans les programmes. Il a toujours fait l'objet d'un domaine d'apprentissage à part entière. Depuis les programmes de 1995, tous réaffirment sa place primordiale à l'école maternelle « comme condition essentielle de la réussite de tous[1] ». L'acquisition du langage doit, selon les textes officiels, être pensée de manière transversale. Le langage ne doit pas être envisagé aux dépens des autres domaines d'apprentissage mais à partir de ces derniers. En effet, si des temps particuliers doivent lui être dédiés, organisés en « séances », il s'exerce à partir de l'ensemble des activités auxquelles participent les élèves :

- histoires lues ;
- ateliers de manipulation ;
- activités motrices ;
- séries de photographies du quotidien.

Il est mobilisé pour raconter, argumenter, etc. Le langage doit ainsi être l'objet d'une attention constante.

Les tout-petits vont développer de nouvelles compétences langagières en entrant en interactions avec les adultes de leur entourage et avec leurs pairs. L'enseignant de toute petite section devra accompagner chacun de ses élèves dans ses premiers essais **en reformulant ses productions orales**. Ce faisant, il apportera aux tout-petits de nouveaux mots, de nouvelles structures mais n'attendra pas d'eux qu'ils répètent ou reformulent après.

Les programmes le soulignent, l'acquisition du langage prend tout d'abord appui sur des expériences vécues par les élèves en classe pour les amener progressivement à s'exprimer sur des situations nouvelles qu'ils n'auront pas vécues.

1. Ministère de l'Éducation nationale, de l'Enseignement supérieur et de la Recherche, Bulletin officiel spécial n° 2 du 26 mars 2015 arrêté du 18-2-2015 – J.O. du 12-3-2015 MENE1504759A MENESR.

Durant leur année de toute petite section, les élèves vont :
- apprendre à répondre aux sollicitations de l'adulte ;
- comprendre des consignes simples, des énoncés courts ;
- se faire comprendre ;
- prendre part à un échange collectif en attendant leur tour et écouter les autres ;
- s'exprimer sur ce qu'ils ont fait, exprimer un besoin.

En résumé, les tout-petits devront :
- entrer en communication ;
- s'exprimer ;
- comprendre ;
- enrichir leur langage.

Les tout-petits répondent aux questions de l'enseignante.

Plus encore peut-être que pour les autres classes de maternelle, l'enseignement du langage constitue un défi majeur en toute petite section. Les inégalités d'acquis langagiers des élèves de cet âge posent en effet de vrais problèmes à l'enseignant.

Organiser l'apprentissage du langage

Pour le tout-petit qui arrive à l'école, communiquer avec l'adulte sera bien plus difficile qu'à la maison, dans la mesure où il ne se fera pas aussi bien comprendre par l'enseignant que par ses parents pour qui son « parlé bébé » n'a plus de secret.

L'enseignant devra donc :

- amener les tout-petits à se sentir en confiance en les encourageant dans leurs interactions ;
- les questionner sur ce qu'ils font, ressentent, afin de les amener à s'exprimer le plus souvent possible ;
- reformuler et faire reformuler par les tout-petits des consignes, des énoncés ;
- encourager et initier le plus d'interactions possibles entre les élèves ;
- être patient et utiliser les silences. Les tout-petits marquent souvent des blancs lorsqu'ils parlent parce qu'ils hésitent et cherchent leurs mots, l'enseignant devra leur laisser le temps nécessaire pour s'exprimer.

En classe de toute petite section, l'enseignant doit donc jouer avec une pluralité de ressources et de registres langagiers.

Des temps spécifiques dédiés au langage

L'enseignant de toute petite section veillera à solliciter ses élèves le plus souvent possible lors des différentes activités, du temps d'accueil, pendant et au retour de récréation. Il est cependant important que l'enseignant prévoie chaque jour des séances de langage à part entière.

Pour qu'une séance de langage mobilise l'intérêt et la participation des élèves, ils doivent en avoir besoin. En effet, apprendre des mots, faire des phrases, ne devient pour eux une activité pertinente que si cela leur permet de construire une signification, de comprendre une situation, de s'exprimer…

Dans un premier temps, l'enseignant accompagnera les tout-petits dans l'acquisition du vocabulaire usuel, celui du quotidien notamment. Dans un second temps, les enfants seront amenés à structurer leurs propos, ce qui leur permettra de construire des phrases de plus en plus élaborées mais aussi à découvrir un vocabulaire de plus en plus complexe.

Des temps rituels

Ces temps de langage doivent faire partie des temps rituels de la classe et avoir lieu quotidiennement. Il s'agit ainsi d'un temps de découverte, de réinvestissement ou de bilan.

La durée de ces séances évoluera au cours de l'année : elle n'est que de quelques minutes en période 1, puis de 15 minutes ou plus en période 5. Bien entendu, d'un jour à l'autre, une séance peut être d'une durée variable selon l'attention des tout-petits, qu'il s'agisse d'un temps de découverte ou de réinvestissement.

Dans le cas de séances de langage prenant appui sur une série de photographies, celles-ci feront l'objet de plusieurs séances consécutives. Elles seront présentées sur un, deux, voire trois jours, avec à chaque fois des objectifs légèrement différents : acquisition du vocabulaire et réinvestissement de celui-ci.

Faire évoluer les séances de langage

Durant la première moitié de l'année, il est important que l'enseignant assure aux tout-petits des repères stables dans les situations sur lesquelles s'appuient les séances de langage : objets connus pour avoir été manipulés, situations vécues… En effet, si « la nouveauté de la situation » n'est pas un élément en jeu durant le temps de langage, il est possible de se concentrer sur le vocabulaire et non sur ce qui pourrait questionner dans la situation elle-même.

Dans le cas de **séances de langage construites à partir d'une situation vécue** par les tout-petits, et en appui sur une suite de photographies (mettant en scène la mascotte ou présentant les espaces de la classe), l'enseignant fait « revivre » à la mascotte une situation, un évènement connus. Au fil du temps, cette reconstitution pourra prendre la forme d'un récit de plus en plus narratif.

L'enseignant pourra **amener progressivement la mise en place d'un langage décontextualisé** en faisant plus ou moins appel à l'expérience passée des tout-petits qui ne seront plus, de fait, en situation.

En fin d'année, il est possible d'envisager une suite de photographies narratives qui ne reprendra pas ou en partie seulement une situation connue. Les tout-petits devront ainsi mettre à profit leurs acquis langagiers, leur expérience au sein de la classe pour comprendre ce qui se joue sur les différentes photographies.

Ces différentes évolutions sont bien entendu à penser et à adapter en fonction du développement du langage des tout-petits, l'objectif premier étant l'acquisition d'un langage de plus en plus riche et précis.

Boite à idées

La mascotte, un élément déclencheur du langage

La mascotte occupe une place importante dans la classe, elle :

- mobilise l'intérêt des tout-petits ;
- fait appel à leur affect ;
- est un « objet repère » ;
- est importante pour eux, donc ce qu'elle fait l'est aussi.

Une mascotte mise en scène pour une séance de langage.

L'enseignant peut faire agir la mascotte sous les yeux des enfants ou les laisser faire. Par la suite, les séances pourront s'appuyer sur des photographies mettant en scène la mascotte de la classe, cela permettra à tous les élèves de se sentir impliqués dans ce qu'ils sont en train de regarder.

En effet, présenter des photographies de la mascotte et non d'élèves permettra à l'ensemble du groupe de se sentir concerné par ce que l'enseignant leur montre, et de dépasser les « c'est Zoé, c'est Zoé »…

Acquérir le vocabulaire du quotidien en utilisant les espaces de jeux de la classe

Les espaces de jeux de la classe représentent une réelle source d'inspiration pour les séances de langage. En effet, ils sont organisés, familiers et présentent aux élèves un ensemble d'objets thématiques (les poupées, le garage, la cuisine) auxquels est de fait associé un ensemble de mots désignant ces objets et formant ce que l'on pourrait qualifier de « champ lexical ». L'utilisation de ces espaces lors des séances de langage permet à l'enseignant de travailler sur le vocabulaire du quotidien et d'accompagner les tout-petits dans leur acquisition.

Des séances dans les espaces de jeux eux-mêmes

En début d'année, l'enseignant peut organiser des séances de langage en petits groupes dans les espaces de jeux eux-mêmes. Les tout-petits ont fréquenté l'espace plusieurs fois et sont ainsi en terrain connu : ils savent quels objets ils vont trouver et connaissent leur emplacement. Ces éléments vont rassurer les enfants qui se sentiront en sécurité et en confiance. Le fait de travailler en limitant les éléments, comme la « nouveauté », qui pourraient perturber ou déconcentrer les tout-petits, va permettre à l'enseignant de mobiliser complètement les élèves dans l'apprentissage.

Organiser des séances de langage dans les espaces de jeux permet aux tout-petits de nommer les objets, de décrire des actions en manipulant. Ils parlent de ce qu'ils font au moment où ils le font, ils nomment les objets réels dans le contexte d'utilisation de ces derniers. Ces éléments sont importants car les tout-petits construisent des significations linguistiques (mots, phrases) en s'appuyant sur leur perception visuelle et tactile.

Ainsi quand ils parlent d'un « verre », il s'agit avant tout de celui qu'ils peuvent voir et manipuler dans l'instant présent. Les premières significations qu'ils donneront au mot « verre » seront très particulières : « verre » ne désignera dans un premier temps que le référent solide qu'ils ont sous les yeux et qu'ils peuvent manipuler.

Une séance de langage dans l'espace poupées.

Les différentes séances menées dans les espaces de jeux permettent aux tout-petits d'acquérir un ensemble de mots, de noms d'actions, dans un contexte très concret. L'enseignant pourra par la suite, au cours de la période 2 par exemple, continuer à travailler sur ce vocabulaire à partir de photographies ou des objets eux-mêmes, mais hors des espaces de jeux.

➤ Film 13 – Séance de langage dans l'espace de jeu

Des séances hors des espaces de jeux

La séance de langage peut être pensée dans l'espace regroupement avec le matériel de la cuisine. L'enseignant sort de leur contexte initial le verre, l'assiette, etc., qui ne sont donc plus à leur « place habituelle ». Les tout-petits sont ainsi amenés à :

- envisager ces objets hors de leur contexte direct ;
- se représenter mentalement la cuisine pour resituer l'objet dans un contexte d'utilisation tout en continuant à s'appuyer sur la perception directe de l'objet.

Il est également possible de présenter aux enfants des photographies des objets provenant des espaces de jeux. L'utilisation de photographies donne à tous les élèves le même point de vue sur l'objet. Leur cadrage permet également d'attirer l'attention du groupe sur un même point.

Dans ce type de situation, les tout-petits ne sont plus directement en situation mais doivent faire appel à leur expérience. Ce type de séance permet de les amener à une première décontextualisation des objets. Il s'agit toujours du verre de la cuisine mais ce dernier n'est pas réellement face à eux, c'est l'image de cet objet qui est utilisée.

Construire du sens, par la décontextualisation

Partir du « verre » de l'espace cuisine, qui est un élément familier bien connu de l'ensemble de la classe, permet dans un premier temps aux élèves de situer l'objet dans un contexte très marqué. Ils se concentrent ainsi sur l'apprentissage du nom de l'objet, de ses fonctions et utilisations premières, liées au contexte du jeu dans l'espace cuisine.

La décontextualisation va permettre d'amener progressivement les tout-petits à construire la signification du mot « verre » dans son ensemble.

En effet, le mot, qui dans un premier temps était associé à un objet dans un contexte précis, celui de la cuisine, va progressivement être détaché de ce contexte et se fixer sur l'objet lui-même. Ce que l'on appelle « verre » dans l'espace cuisine s'appelle toujours « verre » dans un autre contexte.

Petit à petit, l'enseignant va permettre aux enfants de conceptualiser le mot « verre » en l'attribuant à l'ensemble des objets auxquels ce *concept* fait référence.

Ces apprentissages constituent une base solide qui permet aux tout-petits de mettre en relation ce mot avec d'autres, de lui associer des fonctions et des utilisations différentes sans pour autant vivre directement ces situations mais en faisant appel à leur représentation mentale.

S'éloigner de la réalité pour y revenir

Une remarque quant à l'aspect de la dinette de la cuisine : il s'agit bien d'une représentation stylisée des objets réels et d'une reproduction miniaturisée de la réalité. Ce sont des objets qui, par leur caractère stylisé, ne peuvent être rattachés qu'à un seul contexte, celui de l'espace cuisine favorisant ainsi un apprentissage : on apprend en jouant, puis on décontextualise, on fait des liens avec la réalité... En effet, même si le matériel à disposition veut faire écho à ce que les élèves peuvent rencontrer chez eux et faire ainsi un lien entre école, maison et réalité, on est bien en présence d'objets qui ne reflètent pas du tout la réalité mais en sont une « représentation ». En résumé, on s'éloigne de la réalité pour y revenir en suite.

Mise en œuvre d'une séance de langage

Dans le cas de photographies mettant en scène un objet et la mascotte par exemple, l'objectif sera de nommer l'objet et de l'associer à une action : sur la photo, la mascotte manipule l'objet pour faire quelque chose. Lorsque l'enseignant présente la photographie aux tout-petits, il formule une phrase ou amène les élèves à le faire, et amorce le début : « Souris verte... Que fait Souris verte ? Elle... ». Cette phrase permet d'inclure le mot cible, par exemple le nom de l'objet, dans un contexte, de lui associer une fonction ou une utilisation. Les tout-petits vont ainsi être amenés à associer différents types d'action à une fonction ou à une utilisation d'un objet.

L'enseignant veille à proposer différents types de phrases : affirmative, négative, interrogative, etc. Il peut également formuler des phrases complexes dès le début de l'année afin de baigner les tout-petits dans « un bain de langue » qui permettra progressivement leur imprégnation par ces structures ou du moins une forte familiarisation.

Exemples de situations

À partir d'une série de photographies mettant en scène la mascotte « Souris verte » dans l'espace cuisine :

Photographies	Exploitations possibles
	*Remarque initiale : cette photographie permet de localiser l'action (nous sommes dans la cuisine) et d'amener deux mots, la « cuillère » et la « casserole », ainsi que des actions.* *L'enseignant* : Où est Souris verte ? *Réponses probables des élèves* : Cuisine, à la cuisine. Souris verte est dans la cuisine. *Pointer les différents objets* : Qu'est-ce que c'est ? Une casserole. Et là, qu'est-ce que c'est ? Une cuillère. Oui, c'est une cuillère. Que fait Souris verte avec la casserole et la cuillère ? Mélange. Souris verte mélange avec la cuillère dans la casserole.
	Qu'est-ce que c'est ? Verre. C'est un verre. Souris verte a pris un verre. Pourquoi ? Que va-t-elle faire avec ? Boire, laver, ranger... Souris verte a soif, elle a pris un verre pour boire. Que peut-elle mettre dans le verre ? De l'eau. Souris verte va mettre de l'eau dans le verre.
	Qu'est-ce que c'est ? Assiette. C'est une assiette. Souris verte a pris une assiette. Pourquoi ? Que va-t-elle faire avec ? Manger, laver, ranger... Souris verte a faim, elle a pris une assiette pour manger. Que peut-elle mettre dans son assiette ? Des gâteaux, des pâtes... Souris verte va mettre des pâtes dans son assiette pour les manger...

Dans le dernier exemple, l'assiette est associée à une de ses utilisations : on s'en sert pour manger. Le type de questions posées par l'enseignant peut amener différentes réponses qui se structureront progressivement au fil de l'année, du mot à une phrase courte.

L'objectif de ces séances est double, il faut :

- nommer l'objet et lui donner un contexte d'utilisation ;
- formuler des phrases correctes de plus en plus structurées.

Développer le langage pour commencer à raconter

Progressivement, l'enseignant incite les tout-petits à enchainer les phrases pour les amener à raconter.

À partir d'une expérience vécue

En fin de période 2, l'enseignant pourra commencer à proposer aux enfants des séances de langage construites selon un fil conducteur narratif qui prendra appui sur une expérience qu'ils auront vécue comme, par exemple, la décoration du sapin de Noël.

Dans ce cas, l'enseignant présente une suite de photographies qui suit la chronologie de l'évènement. L'ensemble des photographies fonctionne alors comme une suite d'images séquentielles qui racontent une petite histoire. Afin que tous les élèves se sentent concernés et impliqués, l'enseignant aura mis en scène et photographié un objet repère pour toute la classe : la mascotte en train décorer le sapin.

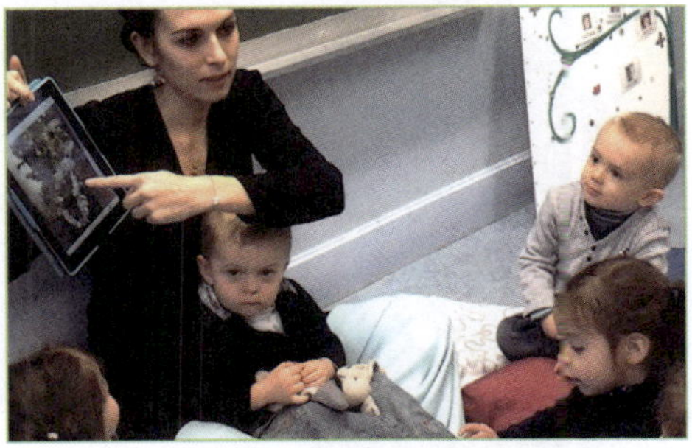

L'enseignante propose des photographies aux tout-petits.

Exemples de situations

À partir d'une série de photographies mettant en scène la mascotte « Souris verte » en train de décorer le sapin de la classe :

Photographies	Exploitations possibles
	*L'enseignant* : Où est Souris verte ? *Réponses probables des élèves* : là, sapin, dans le sapin… Souris verte est dans le sapin. Que va-t-elle faire ? Décorer le sapin. Souris verte va décorer le sapin.
	Que fait Souris verte ? Ouvre, la boite. Souris verte ouvre la boite. Qu'y a-t-il dans la boite ? Décorations, boules, guirlandes… Dans la boite, il y a des décorations, des guirlandes, des boules…
	Que fait Souris verte ? Guirlande, prend une guirlande… Souris verte sort une guirlande de la boite. Elle prend une guirlande. Que va-t-elle faire de la guirlande ? Dans le sapin, mettre. Souris verte va mettre la guirlande dans le sapin de Noël.
	Que fait Souris verte ? Elle met la guirlande. Où ? Dans le sapin de Noël. Souris verte met la guirlande dans le sapin de Noël. Vous avez raison. Et après que fait-elle ? Elle va mettre les boules. *Remarque : cette photographie permet à la fois de valider l'hypothèse des élèves et de restituer la structure de phrase proposée par l'enseignant.*

Photographies	Exploitations possibles
	Qu'a-t-elle pris dans la boite ? Une boule. Souris verte a pris une boule. Où était la boule ? Dans la boite. Souris verte a pris une boule dans la boite. Que va-t-elle faire ? Mettre dans le sapin. Elle va accrocher la boule dans le sapin ? Oui.
	Que fait Souris verte ? Accroche la boule. Souris verte accroche la boule. Où ça ? Dans le sapin. Souris verte accroche la boule dans le sapin. Vous avez raison. Et après que va-t-elle faire ? L'étoile.
	Que fait-elle ? L'étoile dans le sapin. Souris verte met l'étoile sur le sapin. Où ça ? En bas ? Non, en haut. Souris verte met l'étoile tout en haut du sapin.
	Et là, qu'est-ce qui se passe ? Souris verte il a décoré le sapin. Souris verte a décoré le sapin de Noël. Elle a terminée. Elle n'a rien oublié ? Non. Qu'a-t-elle utilisée pour décorer le sapin ? Des guirlandes, des boules, une étoile… *Remarque : Il s'agit ici de reprendre les différents mots de vocabulaire et les structures abordés.*

Il est important pour que les tout-petits ne se sentent pas perdus et se concentrent sur le lexique et les structures de phrases, qu'ils aient vécu la situation à l'identique. Ce type de séance permet à l'enseignant de travailler avec les enfants sur l'anticipation en leur demandant de dire ce qui se passe sur la photographie suivante. Il s'agit d'une familiarisation avec la notion d'anticipation dans la mesure où les tout-petits auront vécu la situation du début à la fin, ils devront ici faire appel à leurs souvenirs.

Le fait de s'appuyer sur une expérience vécue par l'ensemble des élèves est dans un premier temps un élément qui va faciliter la compréhension de la scène qui se joue et amener une première décontextualisation de la situation. Ensuite, l'enseignant peut amener les enfants à travailler à partir de situations nouvelles.

Partie 3
Document 8

Le langage dans l'espace cuisine (séance 1/3) — cycle 1 (TPS)

Programme : Mobiliser le langage dans toutes ses dimensions :
• Oser entrer en communication. • Comprendre et apprendre.

Objectifs :
• S'approprier l'espace de la classe, nommer les différents espaces, connaitre leurs fonctions. • S'approprier l'espace cuisine.

Compétences :
• Oser parler spontanément. • Prendre la parole dans des situations quotidiennes.
• Répondre aux sollicitations de l'adulte par un mot, une phrase. • Utiliser un vocabulaire pertinent.

Prérequis : Avoir fréquenté les différents espaces de la classe.

Durée : 10 à 15 minutes. Modalité : En petits groupes. Matériel : Les mascottes (ici, Souris Verte), la tablette, les photos.

Rôle du maître :
Mettre en confiance les élèves en amenant la situation de manière plaisante.
Durant la séance, veiller à ce que la parole tourne, que tous les enfants essayent de s'exprimer au moins une fois.
Amener tous les élèves à entrer dans l'activité.
Encourager chaque interaction.
Amener les élèves à verbaliser les différentes actions en nommant les objets, en décrivant leurs gestes, le pourquoi…
Apporter le vocabulaire spécifique.

Déroulement :
L'enseignant.e engage la conversation avec le groupe d'élèves.
Souris Verte nous a envoyé des photos. Je vais vous montrer toutes les photos, ensuite on en discutera et vous me direz ce que vous voyez et ce que Souris Verte fait. Vous êtes prêts ?
Les photos sont présentées aux élèves. Elles sont ensuite reprises une par une.
Où est Souris Verte ?
Localiser la mascotte : nommer l'espace, préciser la position (debout, assise) et l'activité.
Que fait-elle ?

Les mots à aborder :

Bilan : Rappeler les moments importants et le vocabulaire spécifique.

Prolongement : Les séances 2 et 3 permettront aux élèves de réinvestir le vocabulaire découvert lors de cette séance. Les photos seront de nouveau présentées. Ces séances seront suivies par des séances en petits groupes dans l'espace lui-même, durant lesquelles les élèves prépareront à manger à Souris Verte et verbaliseront leurs actions afin de réinvestir l'ensemble du vocabulaire et de l'enrichir.

Séances de langage scénarisées

Enseigner en toute petite section © Retz, 2020

Document 8 – Séances de langage scénarisées

À partir d'une situation nouvelle

En fin d'année, il est possible d'envisager des séances de langage à visée narrative mais ne se basant pas sur une expérience vécue au préalable par les tout-petits. L'enseignant peut ainsi présenter une suite de photographies narratives qui ne reprennent pas une situation connue.

Une telle séance va demander aux tout-petits d'aller chercher des éléments de réponse aux questions de l'enseignant dans leur propre bagage langagier, dans leur expérience personnelle.

Les élèves sont donc amenés à :

- reconstituer mentalement le contexte de la scène que la photographie présente ;
- émettre des hypothèses cohérentes concernant ce qui va suivre ;
- comprendre la situation en question.

Boite à idées

Utiliser une tablette pour présenter les photographies

La tablette est un outil particulièrement intuitif, facile à manipuler et économique puisqu'il n'est pas nécessaire d'imprimer les différentes photographies.

Lors de la séance de langage, il est très simple de passer d'une photographie à une autre, de revenir en arrière... Il est possible de zoomer sur un détail mais aussi de dévoiler la photographie progressivement en partant d'un détail pour arriver à l'image dans son intégralité en dézoomant.

Les photographies présentées sur la tablette ont de plus l'avantage d'être plus grandes qu'une photographie classique mais plus petites qu'une affiche, ce qui permet de mener le temps de langage avec un groupe important d'élèves tout en gardant une certaine proximité. En effet, si on s'éloigne trop, on ne voit plus mais il n'est pas nécessaire d'être « collé » à la photographie pour la voir correctement.

Film 14 – Séance de langage avec une tablette numérique

Suivre l'évolution du langage

Le langage des tout-petits va considérablement évoluer au cours de l'année, il est donc intéressant de concevoir un outil qui permettra de mettre en avant les progrès de chacun : le livret de progression du langage.

Une proposition de livret permettant de suivre les tout-petits à la maison et à l'école est disponible dans les ressources numériques. Ce livret, certes fastidieux à remplir pour l'enseignant, porte ses fruits et permet aux parents de s'impliquer et de suivre la scolarité de leur enfant.

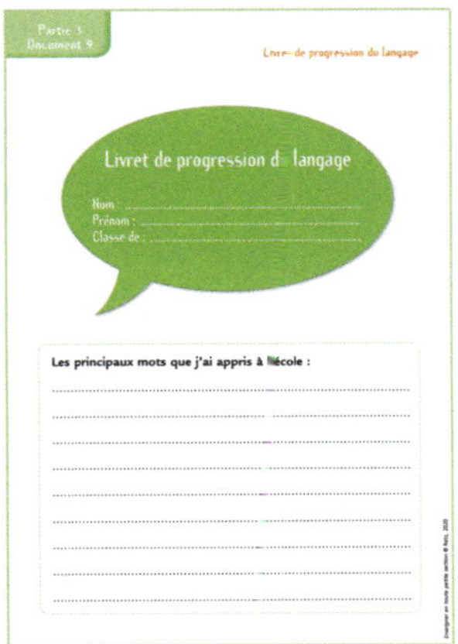

Partie 3
Document 9

Livret de progression du langage

Nom :
Prénom :
Classe de :

Les principaux mots que j'ai appris à l'école :

Document 9 – Livret de progression du langage

À chaque début de période, l'enseignant distribue aux parents le feuillet « Mon langage à la maison ». Les parents doivent le remplir le plus fidèlement possible, c'est-à-dire que les erreurs de prononciation, de syntaxe sont notées, elles sont normales à cet âge.

En fin de période, l'enseignant remplit le feuillet « Mon langage à l'école ».

Ce livret consiste à remplir les mêmes items à chaque fois afin de suivre les progrès des tout-petits. Sur une année, les évolutions se voient assez vite et apparaissent nettement dans les livrets aussi bien dans la partie qui porte sur le langage à la maison que dans celle qui s'intéresse au langage des tout-petits à l'école.

En fin d'année, l'enseignant pourra réunir l'ensemble des feuillets de l'année écoulée sous la forme d'un livre et l'illustrer avec des photographies et autres documents attestant de cette évolution.

Développer le langage par les interactions entre pairs

Si l'acquisition du langage passe en toute petite section par des temps d'apprentissage contraints, les tout-petits développent également de nombreuses compétences lorsqu'ils communiquent entre eux.

Favoriser et développer les interactions entre pairs

Se parler, échanger, communiquer deviendra progressivement une pratique courante chez les tout-petits qui auront appris à se connaitre, à s'apprécier et auront tissé des liens. La communication entre pairs n'est pas nécessairement spontanée chez les jeunes enfants qui, pour certains, ne sont pas confrontés à d'autres enfants en dehors de l'école : il est donc important de laisser du temps aux tout-petits pour mener à bien ce type d'activité. Les interactions entre enfants revêtent un caractère authentique dans la mesure où elles sont spontanées, les enfants utilisent ici le langage non pour en faire un objet d'apprentissage mais en tant qu'outil de communication.

Les espaces de jeux d'imitation tels que les poupées ou la cuisine, mais aussi l'espace voitures, vont être des lieux propices au développement des interactions entre pairs pour différentes raisons :

- ils vont devoir y régler des conflits ;
- ils vont jouer ensemble, partager un moment, une situation et donc se répartir des tâches : laver le bébé, l'essuyer, l'habiller...
- ils vont rire, se faire peur, se raconter des histoires.

Au fil des semaines, certains enfants vont se rendre compte qu'ils partagent un langage commun et qu'ils se comprennent très bien entre eux. Cette compréhension mutuelle deviendra sécurisante et constituera un point d'appui solide pour développer la communication entre pairs. Les tout-petits apprennent à se connaitre en jouant ensemble, en échangeant et en s'observant.

Progressivement, des liens vont se tisser entre les enfants les amenant à partager de plus en plus de choses dont des situations de jeu : jouer à préparer à manger, jouer aux voitures pour faire une course, etc Ces échanges auront principalement lieu lors des moments de jeux libres au cours desquels les tout-petits évoluent sans consigne au sein des espaces. Ces temps de « liberté » sont importants car ils permettent aux jeunes élèves de développer leur autonomie, leur habileté mais aussi des compétences sociales et langagières.

Les interactions entre pairs peuvent être provoquées par différentes situations telles que :

- la différence de compétence : l'un sait et l'autre pas encore ;
- la complicité due à l'installation d'une situation de jeux vécue par deux enfants en dehors de l'école, qu'ils rejouent et partagent en classe ;
- la répartition des tâches dans une situation de jeu par exemple.

Deux élèves « discutent ».

Ces différentes interactions entre enfants se développent de plus en plus au cours de l'année dans la mesure où, progressivement, les tout-petits vont partager un passé commun auquel ils pourront se référer.

Si ces interactions ont lieu au début lors des temps de jeux libres, elles s'installent petit à petit lors des différents ateliers allant parfois jusqu'à la mise en place d'un véritable tutorat entre un enfant expert et un autre beaucoup moins à l'aise.

Film 15 – Situation de langage entre élèves

Développer et soutenir ces interactions

L'enseignant doit accompagner et soutenir le développement de ces interactions en adoptant une posture non invasive. En effet, les tout-petits doivent avoir l'impression de gérer seuls ces situations. Afin d'amener les élèves à communiquer entre eux, l'enseignant peut :

- mettre en avant des points d'intérêt communs entre certains enfants ;
- en regrouper quelques-uns autour d'une découverte, d'un support particulier tel qu'une photographie d'eux-mêmes ;
- s'installer dans un espace de jeux et jouer comme les tout-petits.

Au cours des différents échanges avec les élèves, l'enseignant aura un rôle majeur à jouer notamment en verbalisant au maximum ses actions pour permettre aux tout-petits d'associer des mots à chaque action.

L'enseignant pourra mettre en œuvre différentes « conduites » selon les situations.

1. L'étayage

L'étayage est nécessaire dans toutes les interventions de l'enseignant. Cela passe notamment par la mise en place d'un climat propice aux productions langagières, les tout-petits doivent se sentir en confiance et en sécurité pour prendre la parole. En effet, oser parler dans un groupe constitue une prise de risque pour les jeunes enfants.

L'enseignant doit donc accompagner les enfants, prendre le temps de les écouter, valoriser leurs productions langagières, les reformuler…

2. Une posture modélisante

L'enseignant servira de modèle, il doit donc être particulièrement attentif au vocabulaire qu'il emploie mais également aux structures qu'il utilise. Ce n'est pas parce que l'enseignant se trouve face à des jeunes enfants, qui pour certains ne parlent pas encore vraiment, qu'il doit « parler bébé » ou utiliser un registre simplifié. Au contraire, l'enseignant doit veiller à ce que son langage soit construit, sa prononciation correcte et sa syntaxe adaptée (elle peut être relativement simple à certains moments et plus complexe à d'autres).

3. Le questionnement, l'interrogation

L'enseignant doit questionner les tout-petits pour les amener à s'exprimer, cependant il doit être attentif à ne pas les fatiguer par un trop grand nombre de questions successives.

Les questions de l'adulte sont importantes car elles vont permettre aux élèves de :

- mobiliser l'ensemble de leurs acquis langagiers pour répondre ;
- se familiariser et repérer la structure narrative d'une histoire lors de sa lecture ;
- envisager le questionnement comme un mode de communication à part entière.

L'enseignant doit également veiller à alterner les questions fermées et les questions ouvertes. En effet, les questions fermées n'appellent qu'une réponse courte et peu structurée alors que les questions ouvertes vont permettre aux tout-petits de s'essayer à la construction de phrases et de développer leur syntaxe.

4. La reformulation

Dans un premier temps, la reformulation des propos des tout-petits reste à la charge complète de l'enseignant dans la mesure où il s'agit pour le jeune enfant d'une tâche trop couteuse, tout comme la répétition.

L'enseignant reformulera les propos des élèves afin de :

- s'assurer de la bonne compréhension du propos en question
- développer et enrichir la production langagière pour familiariser les tout-petits avec des structures de plus en plus construites et complexes ;
- corriger la syntaxe, apporter plus de précisions.

La reformulation de l'enseignant constitue une aide pour les tout-petits, un support sur lequel ils pourront s'appuyer pour développer leur propre langage.

Par la suite, l'enseignant incitera les enfants qui seront prêts à reformuler eux-mêmes leurs propos. L'enseignant amorcera ainsi la reformulation en les épaulant, en annonçant le début de la phrase attendue.

Afin de soutenir et de développer les interactions entre pairs, l'enseignant devra donc créer des situations de communication, accompagner les tout-petits, les faire participer activement à ces échanges, développer et consolider leurs acquis langagiers pour les rendre autonomes dans ces situations de communication.

Conclusion

Accueillir des enfants de moins de 3 ans, c'est avant tout élaborer un projet particulier pour l'enfant et sa famille afin qu'ils se sentent en confiance, trouvent de nouveaux repères, et apprennent progressivement à devenir, respectivement, élèves et parents d'élèves. L'accueil doit donc être de qualité et favorable aux interactions entre adultes et enfants.

L'enseignant de toute petite section devra accorder une place particulière aux parents des tout-petits en leur ouvrant autant que possible les portes de la classe. Ils pourront ainsi suivre les progrès et l'évolution de leur enfant, s'impliquer dans différents projets. Les parents des très jeunes élèves doivent être considérés comme de véritables partenaires de l'école. Il est essentiel de leur donner, notamment aux parents les plus éloignés et méfiants à l'égard de l'école, une place dans la vie scolaire de leur enfant. Leur implication régulière lors de la première année d'école constitue une réelle opportunité pour eux de rétablir une relation positive avec le monde scolaire, basée sur la confiance. Ils pourront (re)trouver l'envie de suivre le parcours scolaire de leur enfant.

Accueillir des enfants de moins de 3 ans, c'est également travailler avec différents partenaires tels que les parents d'élèves eux-mêmes et les autres professionnels de la petite enfance (éducateurs, puéricultrices). Ces partenariats permettent de travailler de manière globale sur et pour le tout-petit.

La toute petite section...

L'enseignant de toute petite section devra organiser sa classe et les activités mises en œuvre d'une manière spécifique, différente de celle des autres classes de la maternelle afin de garantir aux tout-petits un cadre de qualité adapté à leurs besoins et de bonnes conditions d'apprentissage prenant en compte à la fois l'individualité et les contraintes liées à la vie en collectivité.

Enseigner en toute petite section demande à l'enseignant de nombreuses qualités : beaucoup de patience, d'imagination et de créativité, de la bienveillance et de l'empathie mais surtout une grande capacité d'adaptation. L'enseignant devra donc être attentif, cohérent, bienveillant, ambitieux et exigeant afin de permettre aux tout-petits d'exploiter leurs capacités au maximum.

La classe de toute petite section est une classe à part, mais une classe malgré tout ! Elle appartient au monde scolaire et fait partie d'une structure institutionnelle reconnue qui veillera à favoriser le développement du jeune enfant d'un point de vue social, affectif, physique et cognitif. Au sein de cette classe, le tout-petit grandira, découvrira, et apprendra. C'est cette exigence qui donne à la toute petite section sa légitimité et son intérêt.

...une classe à part entière.

Postface

Christophe Joigneaux – Maitre de conférences, INSPÉ de Créteil, ESCOL

Si vous avez suivi le sens conventionnel de lecture, vous avez lu toutes les pages qui précèdent. Votre opinion est donc faite sur le contenu de ce livre et sur ce qu'il peut apporter au (à la) professionnel(le) que vous êtes peut-être. Pourquoi dans ces conditions une postface ? Écrite par un chercheur, qui plus est ? Seulement parce que les livres à destination de « professionnels de l'éducation » comportent souvent des commentaires élogieux d'un chercheur qui apporte ce faisant sa caution scientifique ?

Non, ce n'est pas ainsi que je souhaite être lu. D'abord parce qu'Isabelle Bastide n'est pas « que » professeure des écoles, elle est elle-même chercheuse. Ce livre n'aurait sans doute pas été ce qu'il est sans ses travaux sur les pratiques d'enseignement du langage en toute petite section. Mais surtout, parce je reste persuadé que ce livre répond d'abord à une urgence, tant pratique que théorique, celle de contribuer à mettre au point des pratiques d'enseignement véritablement adaptées à ce qu'est devenue l'école maternelle.

Cela peut paraitre paradoxal pour un livre destiné à des professionnels qui cherchent avant tout à rendre profitable la fréquentation de l'école maternelle à des enfants de moins de trois ans. Pourtant, les différentes pistes pédagogiques qu'offre ce livre vont à mon avis dans ce sens : toutes les situations et activités proposées sont pensées selon une progressivité et un étayage des apprentissages qui tiennent compte, pour les développer, des capacités de chaque enfant. Ce n'est pas parce qu'on est en TPS qu'il ne faut pas inciter les élèves à réaliser les premiers apprentissages qui faciliteront ceux qui vont suivre durant les années ultérieures. Cependant, compte tenu du très jeune âge de ces élèves, on ne peut pas faire abstraction, comme c'est trop souvent le cas par la suite, de leurs cheminements et progrès dans tout ce qu'ils ont de singulier. Si jusqu'à présent, ce sont le plus souvent les apprentissages attendus à la fin de l'école maternelle qui pilotaient ceux qui étaient mis en place dans les plus petites sections, on assiste dans ce livre à un renversement salutaire de perspective. En effet, il s'agit de penser les apprentissages d'abord en fonction des besoins et des possibilités de chaque enfant, sans toutefois perdre de vue les attendus à atteindre en fin de cycle.

Dans l'esprit des derniers programmes de l'école maternelle et dans la perspective ouverte par le psychologue russe Vygotski, qui peuvent être résumés par la phrase que ce dernier a écrite, il y a plus de 80 ans : « *La pédagogie doit s'orienter non sur l'hier mais sur le demain du développement de l'enfant.*[1] » Alors que jusqu'aux orientations de 1986, les textes officiels relatifs à l'école maternelle, à quelques exceptions près, recommandaient de respecter avant tout le développement de l'enfant, les textes plus récents insistent davantage sur la nécessité de proposer aux plus jeunes élèves des apprentissages qui tirent leur développement « vers le haut », pour reprendre à nouveau une expression de Vygotski. Cependant, mettre en pratiques une telle relation entre apprentissages (pré)scolaires et développement n'est pas facile. Comme le montrent les évolutions récentes de l'école maternelle : à trop vouloir tirer vers le haut le développement des élèves, ce que certains ont qualifié de primarisation de l'école maternelle, on risque de laisser sur le bord de la route un grand nombre d'élèves. Réduire ce risque ne veut pas dire laisser libre cours à la « spontanéité » du développement de l'enfant, ce qui pourrait s'avérer encore plus inégalitaire. C'est à la recherche de cet équilibre incertain, entre développement et apprentissage, qu'invite le dernier programme de 2015, comme l'indiquait, en juin dernier à l'INSPÉ de Créteil, Viviane Bouysse lors d'une journée d'étude consacrée à ces nouveaux programmes.

Et c'est bien cet équilibre qui est au centre du principe des différentes situations et activités proposées dans ce livre. Que ce soit par le caractère évolutif de l'organisation des espaces de la classe ou par la variation des contextes dans lesquels les élèves sont amenés à s'exprimer, il s'agit en effet de viser les premiers apprentissages, tout en ménageant suffisamment de souplesse pour que tous les élèves puissent s'y « retrouver ». Prenons comme premier exemple les espaces « techniques » ; ils sont pensés d'abord en fonction du type d'apprentissage qu'ils rendent possible, en particulier en matière de catégorisation, ce qui peut être le cas lorsque les objets qui y sont disposés partagent une caractéristique commune. Ils sont aussi envisagés selon la continuité des apprentissages qu'ils initient, comme le remarque l'auteure (p. 88) : « *Cette sensibilisation au questionnement technique pourra constituer un appui solide, lors des années suivantes, si les futurs enseignants de ces élèves continuent cette démarche.* » Deuxième exemple : les apprentissages langagiers. Nous avons ici des propositions rigoureuses d'apprentissage d'un langage plus décontextualisé. Les situations proposées dans ce livre sont remarquables non pas en elles-mêmes (l'usage des photos pour rompre avec un langage

1. L. Vygotski, *Pensée et Langage*, Paris, La Dispute, 2013.

« en situation » est aujourd'hui très répandu) mais par leurs agencements : il s'agit, comme les derniers programmes le recommandent, de s'appuyer sur des formats d'interaction stabilisés pour progressivement décontextualiser l'usage d'un mot ou d'une expression avant de les recontextualiser au sein de nouvelles routines d'interaction. Les pistes d'exploitation de l'usage raisonné des tablettes sont à cet égard exemplaires : il ne s'agit pas seulement de s'appuyer sur l'intérêt que peuvent porter les jeunes enfants d'aujourd'hui à ces nouvelles technologies, mais aussi et surtout d'en exploiter les possibilités inédites de (dé)focalisation sur un objet ou un personnage (la mascotte de la classe pour reprendre une des pistes proposées) pour les sortir (réintégrer) momentanément de leur contexte dans lequel ils ont été photographiés ou filmés. Enfin, dernier exemple mais non le moindre : les pistes proposées pour évaluer autrement, ou « positivement » pour reprendre une expression utilisée dans les derniers programmes, les apprentissages langagiers. Nous avons là un des rares exemples que je connaisse d'une évaluation des progrès des élèves sur ce plan, progrès mesurés finement par ce qu'ils sont capables de comprendre ou de produire selon différents types de situations d'énonciation, caractérisés en particulier par différentes sortes d'étayage (par les pairs, les parents ou l'enseignant). Le livret proposé à la fin de cet ouvrage constitue donc une remarquable avancée vers un nouveau type d'évaluation, au sens où il cherche à mesurer non plus seulement les « fruits » du développement (ce que l'enfant est capable de réaliser de façon autonome), mais aussi ses « bourgeons » (ce qu'il ne peut faire que grâce à l'étayage d'autrui), autrement dit la fameuse « zone proximale de développement » théorisée par Vygotski.

Encore et toujours Vygotski, me direz-vous. Ce n'est pas un hasard s'il est incontournable à la fois pour analyser ce qui est proposé dans ce livre et pour répondre à l'urgence de trouver un nouvel équilibre entre apprentissage et développement : ce livre constitue ainsi une contribution remarquable à la refondation pédagogique de l'école maternelle.

Bibliographie

Blondel M.-P., « Objet transitionnel et autres objets d'addiction », *Revue française de psychanalyse*, vol. 68, pp. 459-467, 2004.

Da Cunha N., Gaget N., Thollon Behar M.-P., « Les enjeux des lieux d'accueil enfant-parents, pour les professionnels et pour les parents accueillis », *Congrès de l'EECERA*, Strasbourg, 27-29 aout 2009.

Francis V., « Les liens entre familles et structures éducatives : penser la place de chacun », in *À l'école maternelle, dans les lieux d'accueil de la petite enfance : quelle alliance parents-professionnels ?*, Actes du colloque de l'OMEP, 17 mai 2008.

Garnier P., *Coéduquer à l'école maternelle : une pluralité de significations*, ERES, 2010.

Germain B., Jousselme C., Pruchon M., Sarot A., *L'enfant avant 3 ans – un accueil spécifique à l'école*, Nathan, 2015.

Iserby M., « La circulation des objets entre la maison et l'école », *Spirale*, n° 30, p. 11-26, 2002.

Mackiewicz M.-P., « Coéducation à l'école maternelle et engagement parental en Réseau d'Éducation Prioritaire », *La revue internationale de l'éducation familiale*, n° 28, pp. 73-91, 2010.

Ministère de l'Éducation nationale, *Renforcer la coopération entre les parents et l'école dans les territoires*, circulaire n° 2013-142 du 15-10-2013 RED – DGESCO B3-3 et B3-1, 2013.

Ministère de l'Éducation nationale, de l'Enseignement supérieur et de la Recherche, Ressources maternelle – *La scolarisation des enfants de moins de 3 ans. Un projet pédagogique et éducatif*, http://eduscol.education.fr/ressources-maternelle, 2015.

Poncelet D., Francis V., « Présentation du dossier. L'engagement parental dans la scolarité des enfants. Questions et enjeux », *La revue internationale de l'éducation familiale*, n° 28, pp. 9-20, 2010.

Tazouti Y., Jarlegan A., « Sentiment de compétence parentale, participation parentale au travail scolaire et performances scolaires de l'enfant », *La revue internationale de l'éducation familiale*, n° 28, pp. 23-40, 2010.

Thollon Behar M.-P., « Accueillir pour éduquer ensemble : la place de chacun, Parents, enseignants », *Spirale*, n° 53, pp. 37-45, 2010.

Présentation des ressources numériques

• Installer l'application

Sur PC : Insérer le disque dans votre lecteur. L'installation se lance automatiquement. Si ce n'est pas le cas, aller dans « Poste de travail » (menu « Démarrer »), cliquer sur le fichier « Enseigner_en_TPS_PC.exe » et suivre les étapes d'installation jusqu'à la fin. Une icône s'affiche alors sur le « Bureau » : double cliquer dessus pour lancer le DVD.

Sur Mac : Insérer le disque dans votre lecteur et double cliquer sur l'icône pour l'ouvrir. Double cliquer sur « Enseigner_en_TPS_MAC.dmg » puis glisser l'application dans le dossier « Applications ». Aller dans le dossier « Applications » et double cliquer sur « Enseigner_en_TPS_Retz.app ».

Sous Linux : Insérer le disque dans votre lecteur et double cliquer sur l'icône pour l'ouvrir. Double cliquer sur « Enseigner_en_TPS_linux64.tar.gz » puis décompresser le dossier. Double cliquer sur l'application pour l'ouvrir.

L'insertion du DVD n'est plus nécessaire une fois l'application installée sur l'ordinateur (PC et Mac).

Dorénavant, le contenu du DVD est également proposé en téléchargement.

• Naviguer dans l'application

Cliquer sur le logo pour accéder au site des Éditions Retz.

Cliquer sur le bandeau supérieur pour retourner à l'écran d'accueil.

Cliquer sur le chapitre souhaité pour accéder aux ressources associées.

Le nom du chapitre sélectionné s'affiche en bleu.

Cliquer sur les autres boutons pour accéder directement aux différents chapitres, sans repasser par l'écran d'accueil.

L'ensemble des ressources associées au chapitre s'affiche dans la partie droite de l'écran.

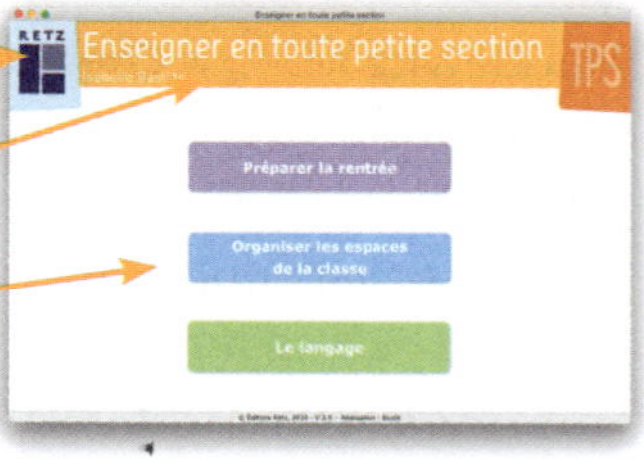

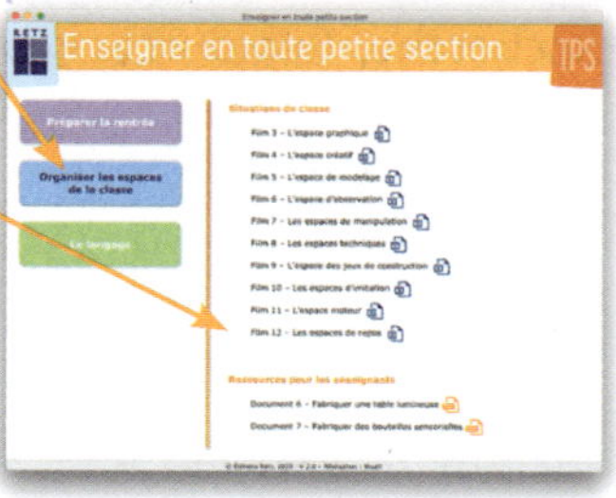

• Afficher les fichiers PDF

Cliquer sur le nom du document que l'on souhaite visionner, imprimer ou vidéoprojeter…

… le document s'affiche dans une nouvelle fenêtre.

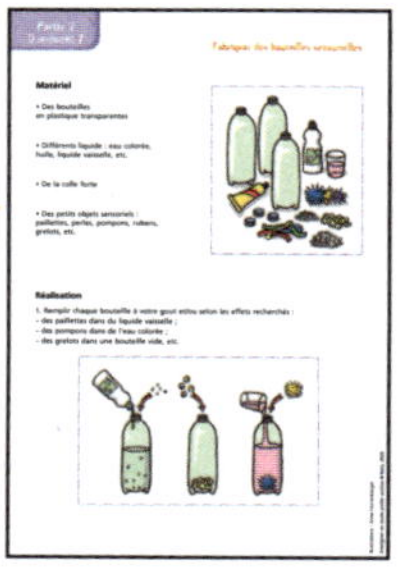